Edizione settembre 2022
Pubblicizza questo libro come credi, anche facendone oggetto di commercio, ma se lo modifichi non attribuire a me cose che non ho mai detto, a meno che tu non pensi di contribuire alla causa di un socialismo davvero democratico.

MIKOS TARSIS

CONTRO ULISSE

demitizzare un modello negativo

I desideri naturali hanno limiti ben definiti,
quelli nati da una falsa opinione non ne hanno: il falso non ha confini.

Seneca

Amazon

Nato a Milano nel 1954, laureatosi a Bologna in Filosofia nel 1977,
già docente di storia e filosofia, Mikos Tarsis (alias di Enrico Galavotti)
si è interessato per tutta la vita a due principali argomenti:
Umanesimo Laico e Socialismo Democratico,
che ha trattato in homolaicus.com e che ora sta trattando in
quartaricerca.it socialismo.info e multipolare.it
Per contattarlo:
info@homolaicus.com
info@quartaricerca.it
info@socialismo.info
info@multipolare.it
Sue pubblicazioni su Amazon.it

Introduzione

Frutto di una civiltà secolare basata sul confronto politico dei partiti della polis, sulle guerre di conquista, sulla superiorità della lingua e dell'arte greche... quell'*astuzia raffinata* (in greco *mêtis*) che nell'*Iliade* aveva caratterizzato, in primis, il personaggio di Ulisse, nell'*Odissea* prevale decisamente sulla *forza bruta* di tutti i protagonisti e anche su tutte le altre loro caratteristiche umane. Nell'*Odissea* il re di Itaca, figlio di Laerte, resta astuto ma in forma apparentemente umanizzata, in quanto la guerra contro Troia era finita. Per questo il suo mito diventa più pericoloso.

Il carattere dimesso, riservato, da eminenza grigia, da consumato diplomatico che spesso Ulisse mostra nell'*Odissea* è mera finzione, pura tattica finalizzata in realtà proprio al primato dell'individuo moderno, urbanizzato, avventuriero, capace di sottomettere facilmente il più debole, il meno dotato intellettualmente, il più ingenuo, quello di origine agro-pastorale, seppure qui la sopraffazione non possa avvenire in maniera sistematica, in quanto l'eroe acheo della grande epopea militare ora è soltanto un navigatore in cerca della via del ritorno. L'Ulisse dell'*Odissea* appare più come un singolo sradicato che un protagonista attivo di un collettivo politico e militare sul piano istituzionale, il che lo obbliga a un largo impiego di parole ambigue, ingannatrici, con cui potersi far valere o difendere la propria ideologia.

Il suo relativismo etico si è accentuato proprio a causa dell'isolamento. Non esistono più ideali comuni (patriottici o bellici) per cui valga la pena combattere, e per i quali, peraltro, neppure nell'*Iliade* si sentiva particolarmente attratto, se è vero che la sua partecipazione alla grande impresa contro i troiani fu in un certo senso forzata dagli eventi e dalle trame dei suoi compagni.

L'unico valore che sembra sussistere è strettamente privato: quello di ritornare a casa, tra i propri cari, dove poter esercitare il dominio su Itaca. Quei parenti e quei congiunti che in realtà non saranno sufficienti a trattenerlo, proprio perché ciò che più conta nella sua vita non è la pace, il senso della giustizia, ma la fuga dalla realtà, l'avventura fine a se stessa, il rifiuto delle responsabilità morali, le pulsioni del proprio io.

L'Ulisse dell'*Odissea* resta freddo, calcolatore, si toglie sì i panni dello spietato militare, ma solo per indossare quelli dell'avventuriero, dell'esploratore perennemente insoddisfatto, che non disdegna relazioni erotiche coi vari personaggi femminili che incontra, in attesa di diventare (ma questa sarà una caratteristica della moderna civiltà borghese) un vero e proprio uomo d'affari, con una valigetta piena di contratti finanziari.

Se non si comprende bene questa metamorfosi, risulta poi difficile chiedersi quanta parte abbia avuto nell'*Odissea* il pregiudizio nei confronti delle società pre-greche o pre-elleniche o pre-schiavistiche o, se vogliamo classificarle con una parola generica, "barbare".

Non solo infatti si assiste qui al trionfo di un'astuzia che di "umano" conserva assai poco, ma anche al trionfo di un'ideologia (classista) che dà dell'identità altrui (nemica per definizione) una rappresentazione del tutto falsata, strumentale all'uso prevaricatore e persino vendicativo della stessa astuzia.

L'odio di Ulisse nei confronti p.es. di Polifemo è dettato dal pretesto dell'ospitalità negata. Ulisse non si chiede se l'atteggiamento guardingo, sospettoso di Polifemo possa essere la conseguenza di un passato rapporto conflittuale tra due società tra loro irriducibili: comunitaria e classista.

Proprio il drammatico diverbio col ciclope, che è l'incipit di tutto il secondo poema, sembra andare ben al di là dei due protagonisti, rappresentando, in maniera per così dire figurata, la lotta tra una civiltà ormai scomparsa, che sopravvive solo a se stessa, e una che vuole imporsi a tutti i costi, come se si assistesse alla descrizione paradigmatica della diffusione colonialistica della civiltà europea, i cui esordi vanno cercati – come noto – nelle civiltà minoica e micenea.

La descrizione sub-umana di Polifemo è tutta funzionale alla legittimazione di una civiltà che in nome dell'astuzia (*mêtis*), dell'intelligenza acculturata, del linguaggio forbito, della scienza e della tecnica... si ritiene superiore a ogni altra e quindi autorizzata a imporsi, a diffondersi con ogni mezzo.

Demitizzare Ulisse

Rivedere alcuni contenuti scolastici in relazione alla classicità

Ulisse, in greco Odisseo (il nome latino *Ulixes* risulta preso da una forma dialettale), è l'eroe più celebre di tutta l'antichità e il più celebrato negli ultimi 27 secoli.

Tutti i manuali scolastici presentano l'*Odissea* come un poema in cui viene narrato il ritorno avventuroso in patria di uno degli eroi della guerra di Troia. In realtà le vicende di Ulisse sono solo il pretesto per raccontare una storia che di avventuroso ha assai poco rispetto al motivo di fondo che la domina e che è eminentemente tragico, come è tragico il suo eroe principale.

Tra la fine dell'VIII sec. a. C. e l'inizio del VII furono messi per iscritto, in lingua greca, l'*Iliade* e l'*Odissea*, approdo finale di una tradizione orale risalente, probabilmente, all'età dei greci micenei, la cui civiltà era crollata verso il 1200-1100 a. C. Fu nel momento in cui, verso il VII sec. a. C., molti greci cominciarono a migrare verso occidente, portando con sé le loro memorie, che qualcuno mise per iscritto i due poemi.

Secondo un'antica tradizione leggendaria Ulisse è un bisnipote di Ermes, il dio delle trasformazioni, che si contrappone ad Apollo, dio semplice, chiaro, unico. E infatti per Omero Ulisse è al vertice delle capacità umane, complessivamente intese. è dotato d'incredibile perspicacia e intuito (*polymetis*), sa adattarsi alle più inattese emergenze della sua tumultuosa esistenza (*polytropos*), ha una grandissima astuzia (*polymechanos*), è capace di mille pensieri (*polyphron*) ed è in grado di sopportare le più terribili sofferenze (*polytlas*), è insomma un uomo di mondo, rotto, anzi "navigato" a tutte le esperienze (*polyplanes*).

È il personaggio più moderno perché il più umano, non ovviamente nel senso "cristiano" o "laico" in cui oggi intendiamo la parola "umano" o l'espressione "senso dell'umanità", poiché Ulisse era anche capace di efferate crudeltà e terribili vendette[1], ma

---

[1] P.es. scannò Polissena, figlia di Priamo, sulla tomba di Achille per esaudire un desiderio postumo di costui. Una delle cose più vergognose che fece fu quella di

semplicemente perché incarna tutte le caratteristiche dell'uomo moderno. Infatti egli è figlio di una grande civiltà antagonistica, i cui valori etici e politici sono a tutti ben noti: passione militare, volontà di comando, astuzia politica e diplomatica, affabulazione e capacità di persuasione, relativismo etico[2], licenza sessuale (note sono le sue amanti: Circe, Nausicaa, Calipso ecc.), coraggio nell'affrontare le avventure, patriottismo[3] e senso di superiorità etnica, di stirpe[4], di civiltà, spirito di sacrificio[5], curiosità intellettuale[6], rispetto formale della religione.

Ulisse in realtà non è mai esistito, se non nella fantasia di un redattore o di più redattori, che volevano convogliare in un individuo isolato quei valori che tutti insieme non realizzarono né avrebbero potuto realizzare alcun ideale sociale, di convivenza pacifica e democratica. Si può anzi riassumere la *Weltanschauung* di Ulisse nella seguente formula: "Mentire sempre, Rubare quando possibile, Uccidere se necessario".

L'*Iliade* infatti è il fallimento di una civiltà, quella micenea,

---

far credere a Clitennestra che Achille voleva sposare sua figlia Ifigenia; invece ne aveva bisogno il padre Agamennone per sacrificarla ad Artemide.

[2] Ulisse aveva un senso etico così relativo che quando ebbe necessità di trafugare i cavalli di Reso e il Palladio, promise al soldato troiano catturato, Dolone, un'alta ricompensa se l'avesse aiutato, ma, subito dopo aver ottenuto quanto cercava, chiese la testa di Dolone e le sue spoglie le appese alla prua della sua nave. Nella stessa occasione quasi pugnalò a tradimento il compagno Diomede, che era riuscito a mettere le mani sul Palladio prima di lui.

[3] Tuttavia Ulisse, quando si trattò di entrare in guerra contro Troia, si finse pazzo, e mentre stava arando la sabbia, Palamede tolse dalle braccia di Penelope il piccolo Telemaco e lo adagiò davanti all'aratro, costringendo Ulisse a fermarsi. Fu in quell'occasione ch'egli promise di vendicarsi di Palamede, riuscendo a farlo lapidare proprio durante la guerra troiana, dopo averlo fatto passare per un traditore (cfr Filostrato, *Eroico*).

[4] A dir il vero esiste una versione sulla nascita di Ulisse che vede non in Laerte ma in Sisifo suo padre, il quale, per vendicarsi dei furti di bestiame che subiva da parte del nonno di Ulisse, Autolico, violentò la figlia di quest'ultimo, Anticlea, mettendola incinta. Fu proprio Autolico che mise a Ulisse il nome di Odisseo, che in greco significa "l'odioso".

[5] Però volle a tutti i costi le armi di Achille, che invece sarebbero dovute spettare ad Aiace Telamonio, che era riuscito a trascinare il corpo e le armi di Achille dietro le linee. Aiace, umiliato da Ulisse, impazzì e si suicidò.

[6] Attenzione che in Ulisse la curiosità intellettuale non coincide propriamente con l'esperienza culturale. Ulisse è refrattario alla cultura (p.es., fece di tutto per eliminare Palamede, figlio di Nauplio, molto più colto e geniale di lui).

rappresentata da una polis che vince un'altra polis, senza per questo migliorare il proprio destino, è cioè il simbolo dell'impossibilità di una coesistenza in nome degli ideali e dei comportamenti che furono di molti eroi troiani e greci e che in Ulisse si sommano stupendamente (sul piano artistico delle letteratura) in un'unica persona, che però appare come eroe isolato, i cui compagni di sventura sono soltanto delle comparse.

L'*Odissea* è la sconfitta dell'*Iliade*, ma in forma sublimata, accentuando al massimo l'umanità di un eroe di carta, che nella realtà non può esistere, perché nessun uomo può essere tutte quelle cose insieme. Lo stesso Omero afferma che oltre il Peloponneso esiste solo l'irrealtà.

L'*Iliade* infatti, trattando il tema della guerra in nome di un ideale di giustizia, suggeriva l'idea che entro certi limiti era possibile sospendere le esigenze della democrazia, in attesa della conclusione del conflitto. Ma l'*Odissea* è il tentativo di mascherare il fallimento di quegli stessi ideali vissuti in tempo di pace.

Ulisse viene fatto vivere in una dimensione surreale proprio perché non sarebbe stato in grado di vivere un'esistenza normale, nella vita reale, nella prosaicità di una vita pacifica, senza conflitti sociali o bellici.

La sua personalità è in fondo quella di un disadattato sociale, analoga a quella dei reduci militari di qualunque sporca guerra, di uno che non può avere amici che non siano i propri commilitoni, e che quindi andrebbe rieducato a una vita sociale normale, dedicata al lavoro, al rispetto delle regole di una convivenza civile.

È raro nella nostra civiltà, che nella sostanza rispecchia molti di quei valori omerici, nonostante i duemila anni di cristianesimo, vedere qualcuno criticare il mito di Ulisse, ovvero riprendere le critiche di Sofocle (*Filottete*) ed Euripide (*Ecuba*), e anche di Filostrato (*Eroico*), approfondendole ulteriormente.

Eppure l'umanità di Ulisse è un inganno e dovremmo liberarcene, cioè non dovremmo lasciarci più sedurre dalla sua personalità accattivante, come lui non si lasciava sedurre dal canto delle sirene, poiché Ulisse non è un modello da imitare, ma un cattivo esempio per chi vuole fuoriuscire dall'antagonismo sociale. Le sue disavventure non possono più indurci a giustificare il suo egocentrismo, il suo maschilismo, e tutte le debolezze connesse a questi vizi capitali, che dalla cultura della sua civiltà si sono introiettati nel comportamento della sua persona.

Ulisse è un personaggio invivibile, è quello che ogni maschio vorrebbe essere e che se vi riuscisse renderebbe impossibile la vita di società. Egli rappresenta il tentativo di voler sopravvivere a se stessi, nonostante le contraddizioni impongano una svolta verso il recupero di una dignità umana autentica.

Neppure Penelope è in grado di riconoscerlo (e come avrebbe potuto dopo dieci anni di guerra contro i troiani e dopo altri dieci di peregrinazioni?) e ha bisogno di un segno tangibile, che però, guarda caso, è un'altra prova di abilità: il letto scavato nell'ulivo, mentre a tutti gli altri personaggi dovrà dare l'ennesima prova di forza. Ulisse non viene riconosciuto come uomo, ma come artigiano e come militare. La sua personalità di uomo è da tempo scomparsa.

Penelope è in fondo la vera eroina (anch'essa molto irreale) che ha sopportato per vent'anni l'egocentrismo del marito, solo che il suo atteggiamento non fa storia, o meglio, non fa il "romanzo d'avventura", non stimola la fantasia, non fa evadere nei sogni irreali. La sua figura non appare chiaramente come un'alternativa a Ulisse, ma piuttosto come una forma di ripiego.

Ulisse torna a casa non tanto perché vuole rivedere la moglie e il figlio, quanto soprattutto perché è stanco delle sue avventure. Torna a casa da vecchio, come se avesse bisogno di farsi compatire o perdonare. La strage dei Proci non è forse servita a tale scopo? Il suo modo di dimostrare la propria utilità è stato, ancora una volta, quello di usare le armi e seminare morte e terrore. S'è fatto perdonare e nel contempo ha fatto capire chi comanda di nuovo a Itaca: di tutti i pretendenti e molestatori di Penelope sono due personaggi minori avranno salva la vita. E così ha dato l'impressione d'essere tornato per rivendicare una proprietà minacciata, di cui moglie e figlio costituivano un mero accessorio.[7]

In realtà Ulisse non può essere riscattato dal suo ritorno in

---

[7] Non dimentichiamo che Ulisse voleva sposare Elena, messa all'asta da suo padre Tindaro, e che sposò Penelope solo perché squattrinato. Fu in quell'occasione che chiese a tutti i principi achei di firmare un patto di alleanza per difendere l'onore di Elena anche dopo il matrimonio; e dalla violazione di tale patto nascerà, formalmente, la guerra di Troia.

patria, dalla fedeltà coniugale affermata solo in ultima istanza, dall'amore dimostrato nei confronti di un figlio che è cresciuto all'ombra della sola madre. Non lo riscatta tutto ciò e neppure lo riscattano tutte le sue disavventure, che lui in fondo ha cercato con insistenza per dare un senso alla sua vita errabonda, vana e vacua, e neppure il fatto ch'egli abbia dimostrato una indipendenza di giudizio nei confronti della religione ufficiale: Ulisse ha un atteggiamento troppo opportunista nei confronti degli dèi pagani falsi e bugiardi.

La vita di un uomo non può essere riscattata dalle disgrazie che avrebbe potuto tranquillamente evitare, se avesse vissuto una vita più normale, o, peggio, dagli ultimi cinque minuti in cui l'ha vissuta, accanto alla moglie e al figlio, da vero marito e da vero padre, poiché non saranno questi minuti a porre le basi per un senso alternativo di umanità. Non a caso una leggenda lo fa morire oltre le colonne d'Ercole, alla ricerca di nuove avventure; e giustamente Dante lo condanna all'*Inferno* (canto XXVI), non solo come consigliere fraudolento, ma anche come uomo folle ed egoista che porta alla rovina i suoi compagni, turlupinati col miraggio d'una conoscenza illimitata (che nella *Commedia* appare fine a se stessa, ma che nella realtà storica diverrà occasione di saccheggi e devastazioni coloniali da parte dell'Europa borghese).

Ulisse deve smettere d'esserci simpatico. Uno che non ha imparato altro che a uccidere e mentire, uno che odia la cultura perché conosce solo l'uso della forza e dell'astuzia quando la forza non basta, uno che maschera dietro una serietà formale la propria superficialità, per quale motivo deve occupare un posto centrale nella cultura del nostro tempo e soprattutto nella cultura classica delle nostre scuole?

Lo sguardo rotondo di Polifemo

Giunti alla terra, che sorgeaci a fronte,
Spelonca eccelsa nell'estremo fianco
Di lauri opaca, e al mar vicina, io vidi.
Entro giaceavi innumerabil greggia,
Pecore e capre, e di recise pietre
Composto, e di gran pini e querce ombrose
Alto recinto vi correa d'intorno.
Uom gigantesco abita qui, che lunge
Pasturava le pecore solingo.
In disparte costui vivea da tutti,
E cose inique nella mente cruda
Covava: orrendo mostro, né sembiante
Punto alla stirpe che di pan si nutre,
Ma più presto al cucuzzolo selvoso
D'una montagna smisurata, dove
Non gli s'alzi da presso altro cacume.
Lascio i compagni della nave a guardia,
E con dodici sol, che i più robusti
Mi pareano e più arditi, in via mi pongo,
Meco in otre caprin recando un negro
Licor nettàreo, che ci diè Marone
D'Evantèo figlio, e sacerdote a Febo,
Cui d'Ismaro le torri erano in cura.
Soggiornava del dio nel verde bosco,
E noi, di santa riverenza tocchi,
Con la moglie il salvammo e con la prole.
Quindi ei mi porse incliti doni: sette
Talenti d'or ben lavorato, un'urna
D'argento tutta, e dodici d'un vino
Soave, incorruttibile, celeste,
Anfore colme; un vin ch'egli, la casta
Moglie e la fida dispensiera solo,
Non donzelli sapeanlo, e non ancelle.
Quandunque ne bevean, chi empiea la tazza,
Venti metri infondea d'acqua di fonte,
E tal dall'urna scoverchiata odore
Spirava, e sì divin, che somma noia
Stato sarìa non confortarne il petto.
Io dell'alma bevanda un otre adunque

Tenea, tenea vivande a un zaino in grembo:
Ché ben diceami il cor, quale di strana
Forza dotato le gran membra, e insieme
Debil conoscitor di leggi e dritti,
Salvatic'uom mi si farebbe incontra.
Alla spelonca divenuti in breve,
Lui non trovammo, che per l'erte cime
Le pecore lanigere aderbava.
Entrati, gli occhi stupefatti in giro
Noi portavam: le aggraticciate corbe
Cedeano al peso de' formaggi, e piene
D'agnelli e di capretti eran le stalle:
E i più grandi, i mezzani, i nati appena,
Tutti, come l'etade, avean del pari
Lor propria stanza, e i pastorali vasi,
Secchie, conche, catini, ov'ei le poppe
Premer solea delle feconde madri,
Entro il siere nôtavano. Qui forte
I compagni pregavanmi che, tolto
Pria di quel cacio, si tornasse addietro,
Capretti s'adducessero ed agnelli
Alla nave di fretta, e in mar s'entrasse.
Ma io non volli, benché il meglio fosse:
Quando io bramava pur vederlo in faccia,
E trar doni da lui, che rïuscirci
Ospite sì inamabile dovea.
Racceso il foco, un sagrifizio ai numi
Femmo, e assaggiammo del rappreso latte:
Indi l'attendevam nell'antro assisi.
Venne, pascendo la sua greggia, e in collo
Pondo non lieve di risecca selva
Che la cena cocessegli, portando.
Davanti all'antro gittò il carco, e tale
Levòssene un romor, che sbigottiti
Nel più interno di quel ci ritraemmo.
Ei dentro mise le feconde madri,
E gl'irchi a cielo aperto, ed i montoni
Nella corte lasciò. Poscia una vasta
Sollevò in alto ponderosa pietra,
Che ventidue da quattro ruote e forti
Carri di loco non avrìano smossa,
E l'ingresso acciecò della spelonca.
Fatto, le agnelle, assiso, e le belanti

Capre mugnea, tutto serbando il rito,
E a questa i parti mettea sotto, e a quella.
Mezzo il candido latte insieme strinse,
E su i canestri d'intrecciato vinco
Collocollo ammontato; e l'altro mezzo,
Che dovea della cena esser bevanda,
Il ricevero i pastorecci vasi.
Di queste sciolto cotidiane cure,
Mentre il foco accendea, ci scòrse, e disse:
"Forestieri, chi siete? E da quai lidi
Prendeste a frequentar l'umide strade?
Siete voi trafficanti? O errando andate,
Come corsari che la vita in forse,
Per danno altrui recar, metton su i flutti?"
Della voce al rimbombo, ed all'orrenda
Faccia del mostro, ci s'infranse il core.
Pure io così gli rispondea: Siam Greci
Che di Troia partiti e trabalzati
Su pel ceruleo mar da molti venti
Cercando il suol natìo, per altre vie,
E con vïaggi non pensati, a queste
(Così piacque agli dèi), sponde afferrammo.
Seguimmo, e cen vantiam, per nostro capo
Quell'Atrìde Agamennone che il mondo
Empièo della sua fama, ei che distrusse
Città sì grande, e tante genti ancise.
Ed or, prostesi alle ginocchia tue,
Averci ti preghiam d'ospiti in grado,
E d'un tuo dono rimandarci lieti.
Ah! temi, o potentissimo, gli dèi:
Che tuoi supplici siam, pensa, e che Giove
Il supplicante vendica, e l'estrano,
Giove ospital, che l'accompagna e il rende
Venerabile altrui". Ciò detto, io tacqui.
Ed ei con atroce alma: "O ti fallisce
Straniero, il senno, o tu di lunge vieni,
Che vuoi che i numi io riverisca e tema.
L'Egidarmato di Saturno figlio
Non temono i Ciclopi, o gli altri iddii:
Ché di loro siam noi molto più forti.
Né perché Giove inimicarmi io debba,
A te concederò perdono, e a questi
Compagni tuoi, se a me il mio cor nol detta.

Ma dimmi: ove approdasti? All'orlo estremo
Di questa terra, o a più propinquo lido?"
Così egli tastommi; ed io, che molto
D'esperïenza ricettai nel petto,
Ravvìstomi del tratto, incontanente
Arte in tal modo gli rendei per arte:
"Nettuno là, 've termina e s'avanza
La vostra terra con gran punta in mare,
Spinse la nave mia contra uno scoglio,
E le spezzate tavole per l'onda
Sen portò il vento. Dall'estremo danno
Con questi pochi io mi sottrassi appena".
Nulla il barbaro a ciò: ma, dando un lancio,
La man ponea sovra i compagni, e due
Brancavane ad un tempo, e, quai cagnuoli,
Percoteali alla terra, e ne spargea
Le cervella ed il sangue. A brano a brano
Dilacerolli, e s'imbandì la cena.
Qual digiuno leon, che in monte alberga,
Carni ed interïora, ossa e midolle,
Tutto vorò, consumò tutto. E noi
A Giove ambo le man tra il pianto alzammo,
Spettacol miserabile scorgendo
Con gli occhi nostri, e disperando scampo.
Poiché la gran ventraia empiuto s'ebbe,
Pasteggiando dell'uomo, e puro latte
Tracannandovi sopra, in fra le agnelle
Tutto quant'era ei si distese, e giacque.
Io, di me ricordandomi, pensai
Fàrmigli presso, e la pungente spada
Tirar nuda dal fianco, e al petto, dove
La coràta dal fegato si cinge,
Ferirlo. Se non ch'io vidi che certa
Morte noi pure incontreremmo, e acerba:
Che non era da noi tôr dall'immenso
Vano dell'antro la sformata pietra
Che il Ciclope fortissimo v'impose.
Però, gemendo, attendevam l'aurora.
Sorta l'aurora, e tinto in roseo il cielo,
Il foco ei raccendea, mugnea le grasse
Pecore belle, acconciamente il tutto,
E i parti a questa mettea sotto e a quella.
Né appena fu delle sue cure uscito,

Che altri due mi ghermì de' cari amici,
E carne umana desinò. Satollo,
Cacciava il gregge fuor dell'antro, tolto
Senza fatica il disonesto sasso,
Che dell'antro alla bocca indi ripose,
Qual chi a farètra il suo coverchio assesta.
Poi su pel monte si mandava il pingue
Gregge davanti, alto per via fischiando.
Ed io tutti a raccolta i miei pensieri
Chiamai, per iscoprir come di lui
Vendicarmi io potessi, e un'immortale
Gloria comprarmi col favor di Palla.
Ciò al fin mi parve il meglio. Un verde, enorme
Tronco d'oliva, che il Ciclope svelse
Di terra, onde fermar con quello i passi,
Entro la stalla a inaridir giacea.
Albero scorger credevam di nave
Larga, mercanteggiante, e l'onde brune
Con venti remi a valicare usata:
Sì lungo era e sì grosso. Io ne recisi
Quanto è sei piedi, e la recisa parte
Diedi ai compagni da polirla. Come
Polita fu, da un lato io l'affilai,
L'abbrustolai nel foco, e sotto il fimo,
Ch'ivi in gran copia s'accogliea, l'ascosi.
Quindi a sorte tirar coloro io feci,
Che alzar meco dovessero, e al Ciclope
L'adusto palo conficcar nell'occhio,
Tosto che i sensi gli togliesse il sonno.
Fortuna i quattro, ch'io bramava, appunto
Donommi, e il quinto io fui. Cadea la sera,
E dai campi tornava il fier pastore,
Che la sua greggia di lucenti lane
Tutta introdusse nel capace speco:
O di noi sospettasse, o prescrivesse
Così il Saturnio. Novamente imposto
Quel, che rimosso avea, disconcio masso,
Pecore e capre alla tremola voce
Mungea sedendo, a maraviglia il tutto,
E a questa mettea sotto e a quella i parti.
Fornita ogni opra, m'abbrancò di nuovo
Due de' compagni, e cenò d'essi il mostro.
Allora io trassi avanti, e, in man tenendo

D'edra una coppa: "Te' Ciclope", io dissi:
"Poiché cibasti umana carne, vino
Bevi ora, e impara, qual su l'onde salse
Bevanda carreggiava il nostro legno.
Questa, con cui libar, recarti io volli,
Se mai, compunto di nuova pietade,
Mi rimandassi alle paterne case.
Ma il tuo furor passa ogni segno. Iniquo!
Chi più tra gl'infiniti uomini in terra
Fia che s'accosti a te? Male adoprasti".
La coppa ei tolse, e bevve, ed un supremo
Del soave licor prese diletto,
E un'altra volta men chiedea: "Straniero,
Darmene ancor ti piaccia, e mi palesa
Subito il nome tuo, perch'io ti porga
L'ospital dono che ti metta in festa.
Vino ai Ciclopi la feconda terra
Produce col favor di tempestiva
Pioggia, onde Giove le nostre uve ingrossa:
Ma questo è ambrosia e nèttare celeste".
Un'altra volta io gli stendea la coppa.
Tre volte io la gli stesi; ed ei ne vide
Nella stoltezza sua tre volte il fondo.
Quando m'accorsi che saliti al capo
Del possente licor gli erano i fumi,
Voci blande io drizzavagli: "Il mio nome
Ciclope, vuoi? L'avrai: ma non frodarmi
Tu del promesso a me dono ospitale.
Nessuno è il nome; me la madre e il padre
Chiaman Nessuno, e tutti gli altri amici".
Ed ei con fiero cor: "L'ultimo ch'io
Divorerò, sarà Nessuno. Questo
Riceverai da me dono ospitale".
Disse, diè indietro, e rovescion cascò.
Giacea nell'antro con la gran cervice
Ripiegata su l'omero: e dal sonno,
Che tutti doma, vinto, e dalla molta
Crapula oppresso, per la gola fuori
Il negro vino e della carne i pezzi,
Con sonanti mandava orrendi rutti.
Immantinente dell'ulivo il palo
Tra la cenere io spinsi; e in questo gli altri
Rincorava, non forse alcun per tema

M'abbandonasse nel miglior dell'opra.
Come, verde quantunque, a prender fiamma
Vicin mi parve, rosseggiante il trassi
Dalle ceneri ardenti, e al mostro andai
Con intorno i compagni: un dio per fermo
D'insolito ardimento il cor ci armava.
Quelli afferrâr l'acuto palo, e in mezzo
Dell'occhio il conficcaro; ed io di sopra,
Levandomi su i piè, movealo in giro.
E come allor che tavola di nave
Il trapano appuntato investe e fora,
Che altri il regge con mano, altri tirando
Va d'ambo i lati le corregge, e attorno
L'instancabile trapano si volve:
Sì nell'ampia lucerna il trave acceso
Noi giravamo. Scaturiva il sangue,
La pupilla bruciava, ed un focoso
Vapor, che tutta la palpèbra e il ciglio
Struggeva, uscìa della pupilla, e l'ime
Crepitarne io sentìa rotte radici.
Qual se fabbro talor nell'onda fredda
Attuffò un'ascia o una stridente scure,
E temprò il ferro, e gli diè forza; tale,
L'occhio intorno al troncon cigola e frigge.
Urlo il Ciclope sì tremendo mise,
E tanto l'antro rimbombò, che noi
Qua e là ci spargemmo impauriti.
Ei fuor cavossi dall'occhiaia il trave,
E da sé lo scagliò di sangue lordo,
Furïando per doglia: indi i Ciclopi,
Che non lontani le ventose cime
Abitavan de' monti in cave grotte,
Con voce alta chiamava. Ed i Ciclopi
Quinci e quindi accorrean, la voce udita
E soffermando alla spelonca il passo,
Della cagione il richiedean del duolo:
"Per quale offesa, o Polifemo, tanto
Gridàstu mai? Perché così ci turbi
La balsamica notte e i dolci sonni?
Fùrati alcun la greggià? o uccider forse
Con inganno ti vuole, o a forza aperta?"
E Polifemo dal profondo speco:
"Nessuno, amici, uccidemi, e ad inganno,

Non già colla virtude". "Or se nessuno
Ti nuoce", rispondeano, "e solo alberghi,
Da Giove è il morbo, e non v'ha scampo. Al padre
Puoi bene, a re Nettun, drizzare i prieghi".
Dopo ciò, ritornâr su i lor vestigi:
Ed a me il cor ridea, che sol d'un nome
Tutta si fosse la mia frode ordita.
Polifemo da duoli aspri crucciato,
Sospirando altamente, e brancolando
Con le mani il pietron di loco tolse.
Poi, dove l'antro vaneggiava, assiso
Stavasi con le braccia aperte e stese,
Se alcun di noi, che tra le agnelle uscisse,
Giungesse ad aggrappar: tanta ei credeo
Semplicitade in me. Ma io gli amici
E me studiava riscattar, correndo
Per molte strade con la mente astuta:
Ché la vita ne andava, e già pendea
Su le teste il disastro. Al fine in questa,
Dopo molto girar, fraude io m'arresto.
Montoni di gran mole e pingui e belli,
Di folta carchi porporina lana,
Rinchiudea la caverna. Io tre per volta
Prendeane, e in un gli unìa tacitamente
Co' vinchi attorti, sovra cui solea
Polifemo dormir: quel ch'era in mezzo,
Portava sotto il ventre un de' compagni,
Cui fean riparo i due ch'ivan da lato,
E così un uomo conducean tre bruti.
Indi afferrai pel tergo un arïete
Maggior di tutti, e della greggia il fiore;
Mi rivoltai sotto il lanoso ventre,
E, le mani avolgendo entro ai gran velli,
Con fermo cor mi v'attenea sospeso.
Così, gemendo, aspettavam l'aurora.
Sorta l'aurora, e tinto in roseo il cielo,
Fuor della grotta i maschi alla pastura
Gittavansi; e le femmine non munte,
Che gravi molto si sentìan le poppe,
Rïempian di belati i lor serragli.
Il padron, cui ferìan continue doglie,
D'ogni montone, che diritto stava,
Palpava il tergo, e non s'avvide il folle

Che dalle pance del velluto gregge
Pendean gli uomini avvinti. Ultimo uscìa
De' suoi velli bellissimi gravato
L'arïete, e di me, cui molte cose
S'aggiravan per l'alma. Polifemo
Tai detti, brancicandolo, gli volse:
"Arïete dappoco, e perché fuori
Così da sezzo per la grotta m'esci?
Già non solevi dell'agnelle addietro
Restarti: primo, e di gran lunga, i molli
Fiori del prato a lacerar correvi
Con lunghi passi; degli argentei fiumi
Primo giungevi alle correnti; primo
Ritornavi da sera al tuo presepe:
Ed oggi ultimo sei. Sospiri forse
L'occhio del tuo signor? L'occhio che un tristo
Mortal mi svelse co' suoi rei compagni,
Poiché doma col vin m'ebbe la mente,
Nessuno, ch'io non credo in salvo ancora.
Oh! se a parte venir de' miei pensieri
Potessi, e, voci articolando, dirmi,
Dove dalla mia forza ei si ricovra,
Ti giuro che il cervel, dalla percossa
Testa schizzato, scorrerìa per l'antro,
Ed io qualche riposo avrei da' mali
Che Nessuno recommi, un uom da nulla".
Disse: e da sé lo spingea fuori al pasco.
Tosto che dietro a noi l'infame speco
Lasciato avemmo, ed il cortile ingiusto,
Tardo a sciormi io non fui dall'arïete,
E poi gli altri a slegar, che, ragunate
Molte in gran fretta piedilunghe agnelle,
Cacciavansele avanti in sino al mare.
Desïati apparimmo, e come usciti
Dalle fauci di morte, a quei che in guardia
Rimaser della nave, e che i compagni,
Che non vedeano, a lagrimar si diero.
Ma io non consentìalo, e con le ciglia
Cenno lor fea di ritenere il pianto,
E comandava lor che, messe in nave
Le molte in pria vellosplendenti agnelle,
Si fendessero i flutti. E già il naviglio
Salìan, sedean su i banchi, e percotendo

Gìan co' remi concordi il bianco mare.
Ma come fummo un gridar d'uom lontani
Così il Ciclope io motteggiai: "Ciclope,
Color che nel tuo cavo antro, le grandi
Forze abusando, divorasti, amici
Non eran dunque d'un mortal da nulla,
E il mal te pur coglier dovea. Malvagio!
Che la carne cenar nelle tue case
Non temevi degli ospiti. Vendetta
Però Giove ne prese e gli altri numi".
A queste voci Polifemo in rabbia
Montò più alta, e con istrana possa
Scagliò d'un monte la divelta cima,
Che davanti alla prua càddemi: al tonfo
L'acqua levossi, ed innondò la nave,
Che alla terra crudel, dai rifluenti
Flutti portata, quasi a romper venne.
Ma io, dato di piglio a un lungo palo,
Ne la staccai, pontando; ed i compagni
D'incurvarsi sul remo, e in salvo addursi,
Più de' cenni pregai che della voce:
E quelli tutte ad inarcar le terga.
Scorso di mar due volte tanto, i detti
A Polifemo io rivolgea di nuovo,
Benché gli amici con parole blande
D'ambo i lati tenessermi: "Infelice!
Perché la fera irritar vuoi più ancora?
Così poc'anzi a saettar si mise,
Che tre dita mancò, che risospinto
Non percotesse al continente il legno.
Fa che gridare o favellar ci senta,
E volerà per l'aere un'altra rupe,
Che le nostre cervella, e in un la nave
Sfracellerà: tanto colui dardeggia".
L'alto mio cor non si piegava. Quindi:
"Ciclope", io dissi con lo sdegno in petto,
"Se della notte, in che or tu giaci, alcuno
Ti chiederà, gli narrerai che Ulisse,
D'Itaca abitator, figlio a Laerte,
Struggitor di cittadi, il dì ti tolse".
Egli allora, ululando: "Ohimè!" rispose,
Da' prischi vaticinî eccomi côlto.
Indovino era qui, prode uomo e illustre,

Tèlemo figliuol d'Eurimo, che avea
Dell'arte il pregio, ed ai Ciclopi in mezzo
Profetando invecchiava. Ei queste cose
Mi presagì: mi presagì che il caro
Lume dell'occhio spegnerìami Ulisse.
Se non ch'io sempre uom gigantesco e bello
E di forze invincibili dotato,
Rimirar m'aspettava; ed ecco in vece
La pupilla smorzarmi un piccoletto
Greco ed imbelle, che col vin mi vinse.
Ma qua, su via vientene, Ulisse, ch'io
Ti porga l'ospital dono, e Nettuno
Di fortunare il tuo ritorno prieghi.
Io di lui nacqui, ed ei sen vanta, e solo
Voglial, mi sanerà; non altri, io credo,
Tra i mortali nel mondo, o in ciel tra i numi".
"Oh! così potess'io", ratto ripresi,
"Te spogliar della vita, e negli oscuri
Precipitar regni di Pluto, come
Né da Nettuno ti verrà salute".
Ed ei, le palme alla stellata volta
Levando, il supplicava: "O chiomazzurro,
Che la terra circondi, odi un mio voto.
Se tuo pur son, se padre mio ti chiami,
Di tanto mi contenta: in patria Ulisse,
D'Itaca abitator, figlio a Laerte
Struggitor di cittadi, unqua non rieda.
E dove il natìo suolo, e le paterne
Case il destin non gli negasse, almeno
Vi giunga tardi e a stento, e in nave altrui,
Perduti in pria tutti i compagni, e nuove
Nell'avìta magion trovi sciagure".
Fatte le preci e da Nettuno accolte,
Sollevò un masso di più vasta mole,
E, rotandol nell'aria, e una più grande
Forza immensa imprimendovi, lanciollo.
Cadde dopo la poppa, e del timone
La punta rasentò: levossi al tonfo
L'onda, e il legno coprì, che all'isoletta,
Spinto dal mar, subitamente giunse.
Quivi eran l'altre navi in su l'arena,
E i compagni, che assisi ad esse intorno
Ci attendean sempre con agli occhi il pianto.

Noi tosto in secco la veloce nave
Tirammo, e fuor n'uscimmo, e, del Ciclope
Trattone il gregge, il dividemmo in guisa,
Che parte ugual n'ebbe ciascuno. È vero
Che voller che a me sol, partite l'agne,
Il superbo arïete anco toccasse.
Io di mia mano al Saturnìde, al cinto
D'oscure nubi Correttor del Mondo,
L'uccisi, e n'arsi le fiorite cosce.
Ma non curava i sacrifizi Giove,
Che anzi tra sé volgea, com'io le navi
Tutte, e tutti i compagni al fin perdessi.
L'intero dì sino al calar del Sole
Sedevam banchettando: il Sole ascoso,
Ed apparse le tenebre, le membra
Sul marin lido a riposar gettammo.

Odissea, libro IX

*

Nel volto rotondo
del figlio di Posidone
che tra i belati delle capre
si beava
il palo aguzzo e rovente
della tua civiltà
hai infisso

Nel IX libro dell'*Odissea* Ulisse racconta ai Feaci la sua avventura con Polifemo, facendo mostra di quelle che comunemente vengono definite le sue migliori qualità: curiosità intellettuale, coraggio e astuzia, che sono poi in questo poema gli ingredienti ideali del buon esploratore, anzi dell'avventuriero.

La storia ch'egli narra fa parte di una storia dei Ciclopi molto più antica (come quella dei Titani e dei Giganti), perché connessa alle cosmogonie e teogonie del mondo mediterraneo: infatti nella mitologia greca i Ciclopi erano figli di Urano e Gea, prima ancora che nascessero gli dèi dell'Olimpo e a questi per molto tempo furono ostili. La civiltà minoica, che ha segnato di più il passaggio dalla società comunitaria a quella antagonistica, li conosceva assai prima di quella micenea.

Kyklops significava anticamente "dal viso o dall'occhio rotondo" (che verrebbe voglia di interpretare con aggettivi come "ingenuo" o "semplice", se non si sapesse di fare delle forzature, e che comunque non volle mai dire "viso monoculare": tutt'al più si può pensare a una semplice caratteristica fisica, analoga a quelle di tante altre popolazioni della terra). Ulisse invece (in cui Omero o l'autore, singolo o multiplo, del poema s'identifica) ne fa occasione per una descrizione mostruosa, inverosimile, viziata da pregiudizi ideologici.

Dovendo giustificare, al suo esordio, la rottura col passato comunitario, la civiltà micenea ha avuto bisogno, già nelle versioni orali del poema, di rappresentare i Ciclopi come giganti rozzi e incivili. La descrizione che ne fa Ulisse è molto significativa non solo del pregiudizio con cui si guardava al proprio passato, ma anche dell'ideologia con cui si voleva legittimare il proprio presente.

La terra delle Capre (collocata dai critici presso i Campi Flegrei in Campania oppure presso il Vesuvio o infine alle falde dell'Etna) era abitata, secondo Omero, da esseri deformi, violenti e privi di leggi, estranei alla vita sociale, civile, politica e religiosa, incapaci di lavorare la terra o di navigare, quindi dediti prevalentemente all'allevamento o alla pastorizia e con potere assoluto su mogli e figli. Più avanti Ulisse dirà che erano anche antropofagi.[8]

Qui bisogna anzitutto premettere che l'*Odissea* rappresenta il prosieguo, in tempo di pace, degli stessi valori individualistici affermati nell'*Iliade*, con la differenza che mentre nell'*Iliade* il duello fisico degli eroi belligeranti è parte costitutiva dei canti, qui invece si ha a che fare con situazioni più artificiose, con duelli più intellettuali e verbali, dove però a volte l'epilogo è non meno tragico e cruento.

Il caso di Polifemo rientra in quei duelli i cui contendenti simboleggiano due civiltà opposte, di cui una, per come viene descritta, non può neppure essere considerata una civiltà; è un duello in cui non vi sono semplicemente degli interessi antitetici da difendere (come nel caso di Atene e Troia), ma un abisso di cultura che rende impossibile qualunque forma d'intesa, di dialogo, di comuni-

---

[8] Una leggenda posteriore di Esiodo li vede come operai metallurgici al servizio di Efesto, intenti a produrre fulmini per Zeus.

cazione.

È così grande la distanza che il narratore non ha scrupoli nell'utilizzare la caricatura nel descrivere l'avversario, che è incredibilmente mostruoso in ogni suo aspetto, da quello psicofisico a quello sociale. E questo nonostante che l'episodio sia il tema che fa aprire il capolavoro omerico e il *leit-motiv* di tutto il tragico peregrinare del suo eroe principale, a testimonianza, evidentemente, del fatto che l'azione compiuta ai danni di Polifemo andava considerata molto grave.

Il racconto vuole essere emblematico di quanto il narratore va dicendo per tutto il poema, e cioè che l'eroe greco è superiore a ogni altro abitante del Mediterraneo. L'astuzia affermata da Ulisse ha la stessa finalità che aveva nell'*Iliade*: ribadire il primato della forza sulla debolezza, con la precisazione che col concetto di "forza" s'intende non solo quella fisica (come poteva apparire nell'*Iliade*, in quanto Troia non era meno civilizzata di Atene), ma anche quella morale e intellettuale.

L'approdo di Ulisse e dei suoi compagni nella terra delle Capre è quella di un ladro che, da quanto è abituato, non sa neppure di esserlo, di un saccheggiatore che fa sue senza problemi cose che non gli appartengono (da notare ch'essi venivano dalla terra dei Ciconi, dopo aver devastato la città, ucciso la maggior parte degli abitanti maschi e stuprato la maggior parte delle donne, cui era seguita un'esperienza di totale evasione tra gli effetti allucinogeni del loto).

Appena scesi nella terra del ciclope, gli Achei fanno fuori un centinaio di pecore e capre e mangiano a sazietà. Per spiegare tale atteggiamento Ulisse premette subito nel suo racconto, pur senza saperlo al momento dello sbarco, che si trattava della terra dei Ciclopi, fertile di natura, a prescindere dal lavoro umano, che agricolo non è, o meglio non appare, essendo più che altro pastolare. E poi, dal punto di vista culturale, i Ciclopi son troppo rozzi perché degli esseri civilizzati si abbassino a chiedere il permesso di trafugare un centinaio di animali per sfamarsi, i quali peraltro vengono detti "selvatici" da Ulisse, cioè di nessuno che possa rivendicarne la proprietà.

I Ciclopi vivono in una terra ricca di suo e non sanno – fa notare Ulisse dall'alto della sua conoscenza agronomica – che potrebbero ricavarne cento volte di più se solo conoscessero scienza e tecnica e se solo sapessero costruire navi con cui scambiare i prodotti, venderli... Ulisse dà per scontato che l'economia di scambio sia nettamente superiore, sotto ogni aspetto, a quella di mera sussistenza.

È sintomatico che Omero descriva Polifemo con tutti i pregiudizi possibili prima ancora d'aver parlato del dialogo tra i due, e cioè che è un mostro solitario dal corpo talmente grande da non apparire umano, è anzi feroce e ingiusto, privo di affetti, perché non sposato, senza figli, senza amici o parenti, insomma una cosa orripilante.

La leggenda in realtà narra che Polifemo amò la ninfa Oceanina Galatea, la quale però gli preferiva il giovane Aci, figlio di Fauno, che, sorpreso con lei dal Ciclope, fu da questi lanciato da una rupe e ucciso.

Omero stranamente fa raccontare a Ulisse che s'era portato con sé il vino perché sapeva che ne avrebbe avuto bisogno, lasciando così credere ch'egli già sapesse dell'esistenza dei ciclopi nell'isola.

Anche quando entrano nella sua grotta, la prima cosa che viene in mente agli Achei è quella di rubare formaggi e animali. Ulisse invece, curioso di natura e pronto a tutte le sfide, preferisce mangiare i formaggi direttamente dentro la grotta, per vedere se Polifemo vorrà ospitarlo, e per mostrare che lui, l'eroe militare, era l'umano, mentre l'altro, il pecoraio analfabeta, il ferino, e precisa, nel racconto ai Feaci, con tutta l'ipocrisia che sempre lo contraddistingue in questi casi, che una parte dei formaggi sottratti al mostro, egli la volle dedicare agli dèi, essendo un uomo "pio" e "religioso".

Quando però li vede, è Polifemo stesso che ne ha paura. Teme infatti che siano pirati o stranieri venuti lì per qualche loro interesse, che non lo riguarda. Ha timore d'essere raggirato o saccheggiato.

Ulisse lo rassicura con una richiesta ipocrita, quella di rispettarli in nome del loro dio, secondo le regole della loro religione, della loro cultura.

La risposta di Polifemo è uno dei motivi per cui verrà mutilato: egli dichiara il proprio *ateismo*, e non sarà per rispetto alla religione achea se deciderà di ospitarli o meno.

Ma l'astuto Ulisse lo è anche quando affabula i Feaci; infatti fa loro capire che l'ateismo di Polifemo era rozzo, triviale, era l'ateismo di un bruto, come d'altra parte è ogni forma d'ateismo, in quanto l'ateismo è volgare per definizione e comunque sono "barbari" coloro che lo professano. L'ateismo è di per sé immorale perché suppone un'autonomia dell'uomo dalla divinità.

E siccome Ulisse equipara l'ateo al selvaggio tiranno e menzognero, subito si sente indotto a difendersi, rispondendo a una domanda di Polifemo circa la sua provenienza, dicendo che la sua nave era affondata per colpa dello stesso padre e protettore del ciclope: Posidone.

Perché dunque meravigliarsi se al sentire quelle cose (dette con assai poca diplomazia), Polifemo reagì uccidendo due achei? Il motivo è che ora Ulisse deve descrivere l'aspetto più ripugnante di Polifemo, il *cannibalismo*, quello in virtù del quale egli potrà legittimare la sua terribile vendetta. Ma non è forse vero che tutti gli uomini primitivi vengono descritti come antropofagi da tutte le popolazioni civili al loro primo incontro? Per mostrare l'inaudita ferocia forse un secondo redattore ha aggiunto altri quattro pasti ferini.

Quanto disti la letteratura pagana da quella cristiano-primitiva lo si comprende bene dal pensiero immediato che viene in mente all'eroe Ulisse, religioso e civilizzato: la *vendetta*. E per metterla in pratica continua a mentire dicendo che aveva portato il vino per fargli piacere. Lo prende in giro, trattandolo come un idiota; e mentre gli offre il vino lo offende di nuovo, mostrando di non avere di lui alcuna paura: "tu non vivi da giusto" (la "giustizia" del primitivo interpretata secondo i canoni di quella ritenuta più avanzata).

Il ciclope promette di dargli ospitalità, ma Omero, non volendo rischiare che noi si sia indotti a credere nella buona fede del mostro, fa parlare quest'ultimo con lo stesso atteggiamento astuto di Ulisse, solo che il suo è ovviamente limitato, infantile, essendo quello di un uomo preistorico.

Polifemo promette di dargli ospitalità perché ha apprezzato il vino, ma in cambio vuole sapere come Ulisse si chiama, e questi, siccome non può scendere a patti con un essere così spregevole e inferiore, fa leva sulla propria superiorità linguistica e mente un'altra volta, abbindolandolo: "Mi chiamo Nessuno".

Si noti come in questa ambiguità terminologica si celi anche, psicologicamente, un rapporto falsato che Ulisse ha con la realtà e col suo interlocutore, qui come altrove. Assai raramente egli si fa riconoscere o svela le sue origini: dà sempre l'impressione d'essere un uomo privo di identità, senza un passato. A forza di mentire, d'ingannare, di tradire sembra che si vergogni d'essere quel che è, cioè da un lato sembra che l'umano sia un sentimento del tutto atrofizzato, dall'altro però proprio questo continuo bisogno di negarsi svela indirettamente un certo senso di colpa.

La distanza tra i due è comunque incolmabile e il delitto dell'istintivo ed esasperato Polifemo rende vana qualunque possibilità d'intesa. Nella mente di Ulisse frulla solo un'idea: come eliminare l'avversario.

Omero a questo punto ha gioco facile: Polifemo si rimangia la promessa non perché Ulisse ha mentito, ma perché sin dall'inizio la sua promessa era falsa. La descrizione dell'accecamento deve necessariamente essere molto dettagliata, perché deve suscitare da parte del lettore-ascoltatore il gusto di una rivincita.

Al sentire le sue urla gli altri Ciclopi accorsero subito, smentendo così che Polifemo vivesse una vita del tutto isolata.

Qui il racconto cade nel ridicolo. Polifemo non apre la porta della grotta, ma spiega agli amici che "Nessuno" lo ha reso cieco. Al che è naturale che gli altri lo ritengano come uscito quasi di senno e se ne vadano scuotendo la testa. I consigli che gli danno sono gli stessi che avrebbero potuto dargli gli uomini civilizzati. Tutto il suo male gli viene dal suo ateismo, che è in definitiva protervia. Solo con la fede potrà risanarsi, cioè recuperare il senno.

Ulisse è soddisfatto e di fronte al dolore di Polifemo se la ride. Poi di nuovo l'inganno, questa volta per difendersi dall'inevitabile rappresaglia: Ulisse lega i suoi compagni al ventre degli arieti che, una volta usciti dall'antro, verranno poi trafugati dagli Achei.

E continua l'oltraggio a Polifemo, unendo alla vendetta la beffa. Ulisse si permette di fare la predica del moralista: è stato Zeus a punire l'arroganza e la brutalità del ciclope. Pur con tutta la sua civiltà o forse proprio per questa, Ulisse appare come un uomo vendicativo, iroso, beffardo, cinico e crudele. Avverte fortemente il bisogno di rivelare all'accecato Polifemo quale sia il suo vero nome. Ha bisogno di sentirsi grande.

E Omero non vede l'ora di scrivere che la fine ingloriosa di Polifemo era stata predetta dagli dèi, per cui andava considerata sommamente giusta. Il che, tra l'altro, pare sia messo per giustificare il bisogno d'infierire, con gusto sadico, sul nemico ferito, anche se non sarebbe sbagliato chiedersi se questa esagerazione non sia un'aggiunta posteriore, poiché Polifemo sembra pentirsi ed essere disposto a ospitare Ulisse e a pregare Posidone affinché lo guarisca.

Tuttavia Ulisse è irremovibile nella sua spietatezza e gli augura di restare cieco tutta la vita, perché se avesse potuto l'avrebbe addirittura ucciso.

Il racconto si conclude con la supplica di Polifemo a Posidone, che Ulisse non possa tornare più a Itaca o che, se vi riesce, trovi grandi sciagure nella propria casa, senza amici che possano aiutarlo. Singolare una maledizione del genere, da parte di un protagonista dipinto come un energumeno antisociale.

E a Ulisse il gioco diventa facile: gli ci vuol poco a incolpare Polifemo e suo padre-protettore dell'incapacità della sua missione di civilizzare il mondo intero.

Appare dunque chiaro che questo episodio riflette la transizione dalla cultura pre-schiavistica, che i micenei (specie i coloni) possono aver incontrato in alcune zone della parte occidentale del Mediterraneo e quella più propriamente schiavistica e razzistica ch'essi avevano creato sulle fondamenta di quella minoica. In generale esso indica il passaggio dalla civiltà basata sull'allevamento a quella basata sull'agricoltura organizzata, sull'artigianato raffinato e sulla commercializzazione dei rispettivi prodotti.

Il racconto è insomma un'anticipazione della moderna rivoluzione borghese.

Argo ovvero la giustificazione dello schiavismo

Ulisse ed il pastore al regio albergo
Giungeano intanto. S'arrestaro, udita
L'armonia dolce della cava cetra:
Ché l'usata canzon Femio intonava.
Tale ad Eumèo, che per man prese, allora
Favellò il Laerzìade: "Eumèo, d'Ulisse
La bella casa ecco per certo. Fôra,
Cinto il cortile e di steccati, doppie
Sono e salde le porte. Or chi espugnarla
Potrìa? Gran prandio vi si tiene, io credo:
Poiché l'odor delle vivande sale,
E risuona la cetera, cui fida
Voller compagna de' conviti i numi".
E tu cosi gli rispondesti Eumèo:
"Facile a te, che lunge mai dal segno
Non vai, fu il riconoscerla. Su via,
Ciò pensiam che dee farsi. O tu primiero
Entra e ai proci ti mesci, ed io qui resto;
O tu rimani, e metterommi io dentro.
Ma troppo a bada non istar: ché forse,
Te veggendo di fuor, potrebbe alcuno
Percuoterti o scacciarti. Il tutto pesa".
"Quel veggio anch'io, che alla tua mente splende",
Gli replicava il paziente Ulisse.
"Dentro mettiti adunque: io rimarrommi.
Nuovo ai colpi non sono e alle ferite,
E la costanza m'insegnâro i molti
Tra l'armi e in mar danni sofferti, a cui
Questo s'aggiungerà. Tanto comanda
La forza invitta dell'ingordo ventre,
Per cui cotante l'uom dura fatiche,
E navi arma talor, che guerra altrui
Dell'infecondo mar portan su i campi".
Così dicean tra lor, quando Argo, il cane,
Ch'ivi giacea, del paziente Ulisse
La testa ed ambo sollevò gli orecchi.
Nutrillo un giorno di sua man l'eroe,
Ma côrne, spinto dal suo fato a Troia,
Poco frutto poté. Bensì condurlo

Contro i lepri ed i cervi e le silvestri
Capre solea la gioventù robusta.
Negletto allor giacea nel molto fimo
Di muli e buoi sparso alle porte innanzi,
Finché i poderi a fecondar d'Ulisse,
Nel togliessero i servi. Ivi il buon cane,
Di turpi zecche pien, corcato stava.
Com'egli vide il suo signor più presso,
E benché tra que' cenci, il riconobbe,
Squassò la coda festeggiando, ed ambe
Le orecchie, che drizzate avea da prima,
Cader lasciò: ma incontro al suo signore
Muover, siccome un dì, gli fu disdetto.
Ulisse, riguardatolo, s'asterse
Con man furtiva dalla guancia il pianto,
Celandosi da Eumèo, cui disse tosto:
"Eumèo, quale stupor! Nel fimo giace
Cotesto, che a me par cane sì bello.
Ma non so se del pari ei fu veloce,
O nulla valse, come quei da mensa,
Cui nutron per bellezza i lor padroni".
E tu così gli rispondesti, Eumèo:
"Del mio re lungi morto è questo il cane.
Se tal fosse di corpo e d'atti, quale
Lasciollo, a Troia veleggiando, Ulisse,
Sì veloce a vederlo e sì gagliardo
Gran maraviglia ne trarresti: fiera
Non adocchiava, che del folto bosco
Gli fuggisse nel fondo, e la cui traccia
Perdesse mai. Or l'infortunio ei sente.
Perì d'Itaca lunge il suo padrone,
Nè più curan di lui le pigre ancelle;
Ché pochi dì stanno in cervello i servi,
Quando il padrone lor più non impera.
L'onniveggente di Saturno figlio
Mezza toglie ad un uom la sua virtude,
Come sopra gli giunga il dì servile".
Ciò detto, il piè nel sontuoso albergo
Mise, e avvïossi drittamente ai proci;
Ed Argo, il fido can, poscia che visto
Ebbe dopo dieci anni e dieci Ulisse,
Gli occhi nel sonno della morte chiuse.

Odissea, libro XVII

*

Quelli di Argo, il cane di Ulisse, sono sempre stati dei versi omerici (290-327 del c. XVII dell'*Odissea*) ben presenti nei manuali scolastici di epica classica. Eppure tutto il canto che li contiene, ivi inclusi i detti versi, solo in apparenza ha per tema l'ospitalità, nelle sue varie articolazioni. Nella sostanza esso è un manifesto a favore della schiavitù come condizione sociale, e della vendetta come forma privata di giustizia.

La vicenda è nota: il porcaro Eumeo e Odisseo, travestito da mendicante, giungono alla reggia, ove i Proci attendono che la regina Penelope scelga il proprio consorte, rinunciando definitivamente ad attendere il ritorno del marito. Proprio davanti alla soglia, sul mucchio di letame di muli e buoi, destinato a essere trasferito su un grande podere, per la concimazione, giaceva il vecchio cane di Ulisse, che, come minimo, doveva avere vent'anni. Argo s'accorse di loro due mentre stavano parlando e sollevò il capo e le orecchie. Non è chiaro se si comportò così perché sentì i due parlare o perché riconobbe in qualche modo la voce del suo padrone, che l'aveva allevato da piccolo. Certo è che quando Argo lo vide, cominciò a scodinzolare e a piegare le orecchie, senza però aver alcuna forza per spostarsi di lì.

La scena, descritta in pochi versi, è sicuramente toccante, poiché, pur in presenza di un reciproco riconoscimento, nessuno dei due può far nulla per l'altro, né il cane, fisicamente troppo debole, né il suo padrone, moralmente impegnato a non farsi scoprire, onde poter realizzare al meglio l'imminente carneficina.

Anche nel momento in cui più facilmente avrebbe potuto dimostrare d'essere una persona di sentimenti, rinunciando ovviamente all'idea della vendetta privata, di fatto Ulisse non vi riesce. Nonostante la fine della guerra e delle peripezie relative al ritorno a casa, in cui tutti i compagni erano deceduti, egli resta una persona emotivamente deficitaria, psicologicamente tarata, il cui unico vero desiderio di vita è la rivalsa violenta su chi ha approfittato della sua lunga assenza, come se non fosse stato lui stesso la causa del proprio male. E a tale scopo ha continuamente bisogno di apparire diverso da quel che è, di nascondersi dietro false identità, celando anche ai più cari le proprie intenzioni.

Egli può soltanto accennare, di nascosto, a una sentita commozione, con tanto di lacrima furtiva, restando però formalmente impassibile; viceversa il suo cane, che come Penelope e Telemaco aveva atteso una vita il ritorno del padrone, non può rinunciare a essere se stesso e per questo il destino lo segna: la forte emozione gli sarà fatale.

A dir il vero non si comprende bene se Argo sia morto per la contentezza d'aver rivisto il proprio padrone, o per la delusione provata di fronte al fatto che il suo padrone, pur avendolo riconosciuto, fece finta di nulla e, invece di andargli incontro e accarezzarlo, preferì entrare nella reggia.

Un redattore avrà probabilmente notato che ogniqualvolta Ulisse pare vestirsi di umanità, succede qualcosa che gli impedisce una naturale coerenza, una consequenzialità tra sentimento e azione; sicché avrà trovato necessario precisare, a mo' di scusante, che Argo era pieno di zecche, trasmissibili da animale a uomo.

Ma l'aspetto apologetico più significativo di questi versi non sta tanto nella giustificazione dell'impotenza ad amare, quanto piuttosto in qualcosa di più oggettivo, di più politico. Omero deve difendere il suo eroe dall'accusa di cinismo, d'indifferenza, di crudeltà mentale. E la sua prima difesa, in tal senso, è abbastanza perentoria: mentre i padroni "normali" allevano cani così belli per tenerseli in casa, ostentando il loro proprio lusso; per un padrone "speciale" come Ulisse, invece, Argo era stato cresciuto o allevato allo scopo di cacciare, nel fitto dei boschi, "capre selvatiche, daini e lepri".

La seconda difesa del comportamento di Ulisse è il *clou* di tutti i versi dedicati ad Argo. Odisseo non può essere coerente coi propri sentimenti non tanto a causa della propria cattiva volontà, quanto a causa del fatto che i propri servitori, da quando lui se ne è andato, non hanno più avuto a cuore ciò che gli apparteneva.

Qui Omero non ha alcuno scrupolo a sostenere (e lo fa per di più per bocca di un servo), che "quando i padroni non ordinano, i servi non vogliono più lavorare a dovere".

Infatti un servo, proprio perché tale, è incapace di fare le cose per sentimento o per dovere morale; soltanto sotto costrizione può farle, proprio perché "Zeus, che vede ogni cosa, toglie metà del valore a un uomo, appena il servaggio lo coglie". Dunque, Argo era stato abbandonato perché gli schiavi, non avendo più un aguzzino che li comandasse, avevano mostrato tutta la pochezza morale della loro condizione sociale.

L'autore di questi versi ci presenta uno schiavista Ulisse apprezzare di più un cane fedele che non gli infidi servi, salvo mettere in risalto il modello servile da imitare, quello di Eumeo, che teneva ben ordinati il recinto e la stalla, anche senza l'occhio vigile del padrone.

Omero considerava la schiavitù come un evento ineluttabile, inevitabile, indipendente dalle ragioni storiche degli uomini; e il fatto che tale condizione fosse "meritata" dagli schiavi è dimostrato proprio dall'indifferenza con cui avevano allevato un cane prestigioso come Argo, e quindi dalla crudeltà con cui l'avevano abbandonato. Quanta falsità in questa rappresentazione del reale!

È singolare come Omero voglia presentarci in maniera del tutto naturale il fatto che un uomo infedele per così tanto tempo, pessimo padre e pessimo marito, pretenda da parte dei suoi schiavi quelle virtù che lui stesso, da persona libera, non era mai stato capace di avere.

Rebus sic stantibus, appare evidente che il desiderio di vendetta che muove la coscienza torbida di Ulisse non potrà trovare il proprio appagamento sterminando unicamente gli ottanta Proci; anche le ancelle-schiave, a causa della loro promiscuità col nemico e della loro colpevole trascuratezza nei confronti dell'amato Argo, dovranno pagare.

Dopo un ventennio di assoluta e immotivata assenza, senza che parenti, amici, congiunti, servitori sapessero alcunché circa la sua sorte, il re-schiavista di Itaca pretende che tutto rimanga esattamente come l'aveva lasciato. Il cane non è morto per raggiunti limiti d'età ma per la protervia dei servi, che in assenza del padre-padrone l'avevano abbandonato a se stesso.

Per le ancelle, indolenti, che non si sono curate di lui, non ci può essere perdono o una qualche forma di mediazione, meno che mai da parte di un eroe senza macchia e senza paura. Col nemico e coi traditori occorre essere spietati. Alle ancelle infatti, dopo aver ordinato di pulire la reggia del sangue dei Proci, serberà una condanna a morte per impiccagione.

Ora, c'è forse qualche manuale scolastico che non veda in Ulisse un modello per l'uomo occidentale? Considerando che la trattazione dell'altro grande personaggio mitico, Gesù Cristo, resta di esclusiva pertinenza dei manuali di religione cattolica, esiste forse in quelli non confessionali un mito che possa stare al passo di quello di Ulisse? Gesù in fondo era "dio", almeno stando all'interpretazione clericale: poteva anche farsi ammazzare, tanto sapeva che sarebbe risorto, senza poi considerare ch'egli era venuto sulla Terra proprio per morire in croce e vincere così la maledizione del peccato originale.

Ma Ulisse è soltanto un uomo: nessuno può fargli una colpa se nelle occasioni più difficili della sua vita si è sempre comportato peggio d'una bestia.

Le sirene seduttrici

Ma Circe me prese per mano, e trasse
Da parte, e a seder pose; indi, seduta
Di contra, interrogommi, ed io su tutto
La satisfeci pienamente. Allora
Tai parole sciogliea l'illustre diva:
"Tu compiesti ogni cosa. Or quello ascolta,
Ch'io vo' manifestarti, e che al bisogno
Ti torneranno nella mente i numi.
Alle Sirene giungerai da prima,
Che affascìnan chïunque i lidi loro
Con la sua prora veleggiando tocca.
Chïunque i lidi incautamente afferra
Delle Sirene, e n'ode il canto, a lui
Né la sposa fedel, né i cari figli
Verranno incontro su le soglie in festa.
Le Sirene sedendo in un bel prato,
Mandano un canto dalle argute labbra,
Che alletta il passeggier: ma non lontano
D'ossa d'umani putrefatti corpi
E di pelli marcite, un monte s'alza.
Tu veloce oltrepassa, e con mollita
Cera de' tuoi così l'orecchio tura,
Che non vi possa penetrar la voce.
Odila tu, se vuoi; sol che diritto
Te della nave all'albero i compagni
Leghino, e i piedi stringanti, e le mani;
Perché il diletto di sentir la voce
Delle Sirene tu non perda. E dove
Pregassi o comandassi a' tuoi di sciorti,
Le ritorte raddoppino ed i lacci.
Qui, turbato del core: "Amici", io dissi,
Degno mi par che a tutti voi sia conto
Quel che predisse a me l'inclita Circe.
Scoltate adunque, acciocché, tristo o lieto,
Non ci sorprenda ignari il nostro fato.
Sfuggire in pria delle Sirene il verde
Prato e la voce dilettosa ingiunge.
Vuole ch'io l'oda io sol: ma voi diritto
Me della nave all'albero legate

Con fune sì, ch'io dar non possa un crollo;
E dove di slegarmi io vi pregassi
Pur con le ciglia, o comandassi, voi
Le ritorte doppiatemi ed i lacci".
Mentre ciò loro io discoprìa, la nave,
Che avea da poppa il vento, in picciol tempo
Delle Sirene all'isola pervenne.
Là il vento cadde, ed agguagliossi il mare,
E l'onde assonnò un demone. I compagni
Si levâr pronti, e ripiegâr le vele,
E nella nave collocarle: quindi
Sedean sui banchi ed imbiancavan l'onde
Co' forti remi di polito abete.
Io la duttile cera, onde una tonda
Tenea gran massa, sminuzzai con destro
Rame affilato; ed i frammenti n'iva
Rivoltando e premendo in fra le dita.
Né a scaldarsi tardò la molle pasta;
Perocché lucidissimi dall'alto
Scoccava i rai d'Iperïone il figlio.
De' compagni incerai senza dimora
Le orecchie di mia mano; e quei diritto
Me della nave all'albero legaro
Con fune, i piè stringendomi e le mani.
Poi su i banchi adagiavansi, e co' remi
Batteano il mar, che ne tornava bianco.
Già, vogando di forza, eravam quanto
Corre un grido dell'uomo, alle Sirene
Vicini. Udito il flagellar de' remi,
E non lontana omai vista la nave,
Un dolce canto cominciaro a sciorre:
"O molto illustre Ulisse, o degli Achei
Somma gloria immortal, su via, qua vieni,
Ferma la nave; e il nostro canto ascolta.
Nessun passò di qua su negro legno,
Che non udisse pria questa che noi
Dalle labbra mandiam, voce soave;
Voce, che innonda di diletto il core,
E di molto saver la mente abbella.
Ché non pur ciò, che sopportaro a Troia
Per celeste voler Teucri ed Argivi,
Noi conosciam, ma non avvien su tutta
La delle vite serbatrice terra

Nulla, che ignoto o scuro a noi rimanga".
Cosi cantaro. Ed io, porger volendo
Più da vicino il dilettato orecchio,
Cenno ai compagni fea, che ogni legame
Fossemi rotto; e quei più ancor sul remo
Incurvavano il dorso, e Perimede
Sorgea ratto, ed Euriloco, e di nuovi
Nodi cingeanmi, e mi premean più ancora.
Come trascorsa fu tanto la nave,
Che non potea la perigliosa voce
Delle Sirene aggiungerci, coloro
A sé la cera dall'orecchio tosto,
E dalle membra a me tolsero i lacci.

Odissea, libro XII

*

Caro Ulisse, grazie d'avermi riferito della tua avventura a sud della penisola di Sorrento, in quel gruppo di isole abitato dalle cosiddette "Sirene", come voi Achei amate chiamare, dopo che te n'eri andato dalla reggia della maga Circe.

È strano che lei te le abbia presentate in maniera così inverosimile; ho l'impressione che, stando a contatto con te, si sia pentita d'aver scelto la strada del femminismo a oltranza, abbia rinnegato la complicità col proprio genere e abbia tradito le proprie origini rurali, esagerando a bella posta un pericolo in realtà inesistente. Forse voleva spaventarti affinché tu restassi con lei.

Tu dici che, proprio grazie al rapporto che hai avuto con lei, Circe s'era persuasa che non tutti gli uomini sono "maiali", ma secondo me è più probabile – poiché ti conosco bene – che non abbia ben compreso che si può essere dei "maiali" anche senza alcun riferimento alla sessualità, come infatti sei tu, cinico ed egocentrico quanto mai, disposto a sacrificare qualunque cosa, anche la vita dei propri compagni, pur di soddisfare la tua vanità, pur di mettere alla prova la tua superiorità intellettuale, pur di dimostrare la tua grande astuzia, la cui perfidia è nota in tutta l'Ellade.

Sai, m'ha fatto un po' ridere quando hai descritto le Sirene come nullafacenti, adagiate su un prato fiorito, intente a cantare melodie dolci come il miele, e circondate però da un gran mucchio di ossa, di uomini putridi, con la pelle raggrinzita. Hai davvero una bella fantasia! D'altra parte alcuni, ancora più misogini di te, le avevano addirittura raffigurate come fossero per metà "uccello"!

Perché odiare queste care fanciulle? Ti sei sentito tradito quand'eri giovane? Avevi forse riposto in qualche bella ragazza delle speranze andate deluse? Avresti forse voluto una donna diversa da Penelope? una donna più brillante, meno noiosa? Perché questa repulsione nei confronti della sessualità che vivono i giovani? A mente fredda, non t'è sembrato essere un po' patetico quando, mentre volevi assolutamente ricordare con nostalgia il tuo passato, ti sei fatto legare al palo della nave per non cedere alla tentazione di tornare alla freschezza d'un tempo? all'innocenza perduta? a tuoi ideali di gioventù?

A rileggere la tua lettera mi prende una certa tristezza. Ho infatti l'impressione che tu abbia voluto mistificare il tuo desiderio di bene con una rappresentazione del tutto falsata di quelle ragazze. Un piacere permeato di morte: come t'è venuta in mente un'idea del genere? Pensi davvero che ci creda? E non venirmi a dire che in te era più forte il sentimento di dover tornare a Itaca e di rivedere i tuoi cari: se davvero era così forte, perché non ti sei turato le orecchie come gli altri?

M'hai scritto che un eroe non può cedere alla tentazione di... Di che cosa? Di essere se stesso? Cosa volevi dirmi, che una volta scelto il proprio destino, non si può più tornare indietro? Dove sta scritto? A me fa semplicemente orrore l'idea che una volta decisa la strada della propria autoestraneazione, cioè del rifiuto dei propri ideali, non resti che essere coerenti con se stessi, senza indulgere a ripensamenti di sorta. Nessun destino ci obbliga a essere alienati.

Che razza di eroe sei se ti senti indotto a farti legare a un palo perché non riesci a essere te stesso e nello stesso tempo vuoi continuare a godere in questa tua frustrazione? È meschino farsi legare con le orecchie ben aperte, pur di continuare sulla strada dell'abiezione. Uno si fa legare per vincere le proprie debolezze e cambiare vita.

Con questa tua convinzione d'aver superato l'incantesimo grazie alla tua intelligenza, mi fai un po' pena. E l'incantesimo della tua vita, della tua intelligenza, quando lo supererai? Quando comincerai a renderti conto che il canto delle Sirene altro non è che il richiamo della natura? È l'eco dei rapporti davvero umani, capaci di armonia con la Madre Terra...

Ti dava così fastidio il vento di bonaccia? la placida calma del mare? Ti sei disabituato così tanto a guardare la realtà con fiducia, a guardare il prossimo senza sospetto, che ormai ti fa paura qualunque cosa, anche la più banale. Quando riuscirai a non soffocare gli ultimi sentimenti di umanità che ti sono rimasti? Non lo sai che le Sirene hanno una conoscenza ancestrale della realtà, quella di cui tu t'illudi di poter fare a meno? Credi davvero che l'abilità a raggirare il prossimo col commercio, la cultura, la religione, la scienza e la tecnica sia il frutto di una conoscenza superiore? che renderà gli uomini più felici di quando non l'avevano?

Se sei davvero così intelligente perché non vuoi ammettere che le Sirene altro non sono che la coscienza di quello che tu avresti voluto essere e che non sei riuscito a diventare? È stato un peccato che i tuoi compagni non ti abbiano sciolto in tempo.

A proposito, spiegami una cosa: se loro erano impediti dal sentire e ogniqualvolta ti vedevano agitato al palo venivano a stringere ancor più le corde, come hanno fatto a capire quand'era il momento di scioglierle? Che cosa li ha convinti, visto che la tua voce non potevano sentirla e i tuoi occhi, quando parlavano, facevano soltanto capire che non dovevano ascoltarti? Lo vedi cosa succede a non essere naturali? Si finisce col creare situazioni senza via d'uscita.

Mio caro Ulisse, volevo dirti che io invece ho deciso di andare a vivere proprio in una di quelle isole, e da quando l'ho fatto devo dire di trovarmi benissimo: finalmente conduco un'esistenza normale, a misura d'uomo, a contatto con ambienti naturali, dove la fatica certo esiste, e anche il pericolo, ma dove per fortuna non ho da combattere me stesso e dove posso guardare in faccia gli altri senza timore che mi vogliano frodare o ingannare. Sono finalmente padrone della mia vita, che non è solo mia ma di tutti quelli che vivono insieme a me.

Quando puoi, vienimi a trovare, ma mi raccomando: disarmato, dentro e fuori.

A presto

La disperazione di Ecuba

I

Generalmente nelle tragedie greche, la cui trama doveva svolgersi nell'arco di una giornata e in un unico atto, il prologo aveva la funzione di far ricordare al pubblico quanto era accaduto nelle settimane o addirittura nei giorni precedenti. Questo affinché ci si potesse lasciare coinvolgere al massimo.

Qui il momento del prologo viene fatto gestire da uno spettro, quello di Polidoro, figlio di Priamo, re di Ilio (Troia), e di Ecuba. Poco prima che la città venisse espugnata dagli Achei, Priamo aveva affidato questo figlio, il suo più piccolo, alle cure di Polimestore, re del Chersoneso, marito di Ilione, una delle figlie di Priamo, affinché potesse continuarne la stirpe, e gli aveva dato un forziere d'oro. Ma quando Troia cadde e Priamo fu ucciso da Neottolemo, figlio di Achille, Polimestore uccise Polidoro, gettandolo in mare, per impadronirsi del suo tesoro. Questi sono gli antecedenti che il pubblico teatrale di Atene doveva già conoscere.

Il fantasma di Polidoro si sta lamentando che il suo corpo non ha ricevuto alcuna sepoltura. Sono tre giorni che si libra nell'aria: gli stessi giorni che Ecuba sta passando come schiava di Ulisse nel campo degli Achei reduci da Troia, sul lido del Chersoneso trace. L'esercito si è fermato qui perché un altro fantasma è apparso, quello di Achille, che, sopra la sua tomba, reclama un sacrificio, quello di Polissena, una delle sorelle di Polidoro, causa principale della morte del grande eroe greco.

Ovviamente tale spiegazione mistica andrebbe interpretata, non per ricercare un suo fondamento realistico, ma per capire il motivo per cui si usava il misticismo per giustificare alcune azioni o decisioni. In tal senso non è da escludere che la richiesta d'immolare Polissena non poteva essere attribuita direttamente a Neottolemo, che, essendo figlio di Achille, non avrebbe potuto sottrarsi all'accusa di avere un interesse personale (nella fattispecie quello di vendicarsi di colei che, col suo spregevole inganno, aveva portato Achille a morire). Accusa che non a caso fu ritorta contro l'altro partito dell'armata, capeggiato da Agamennone, già avverso ad Achille e che evidentemente non riteneva quest'ultimo così meritevole d'essere ricordato, visto che aveva fatto una fine su cui sarebbe stato meglio soprassedere.

La tragedia vuole appunto mostrare che il sacrificio di Polissena fu determinato da una sorta di "volontà superiore", nei confronti della quale nessuno avrebbe potuto opporsi. È il modo fantasioso, a-razionale, che hanno i Greci di attribuire il senso di certi eventi incresciosi o inspiegabili al fato o alla volontà degli dèi.

L'*Ecuba* di Euripide è una tragedia abbastanza strana, perché, pur essendo piena di elementi che oggi considereremmo fantasiosi, mistici, superstiziosi, contiene aspetti chiaramente favorevoli a una visione disincantata della vita, al punto che nell'insieme questi sembrano addirittura prevalere. Anche perché le convinzioni di tipo religioso vengono intrecciate continuamente ad atteggiamenti che di religioso non hanno nulla, essendo anzi piuttosto cruenti e determinati da odio e risentimento.

Si fa fatica a capire il vero messaggio sotteso a questa tragedia. Dov'è infatti la giustizia se Ecuba, dopo averla ottenuta, è destinata a suicidarsi e a trasformarsi in un orribile cagna? Dove sono i personaggi "positivi" di questa tragedia? Polidoro appare solo come uno spettro, piangendo la sua mancata sepoltura, e poi scompare dalla scena sino alla fine. Più significativa è la sorella di lui, Polissena, che affronta il proprio olocausto con grande dignità, lei che però aveva scelto di diventare l'amante di Achille pur di carpirgli, fingendo d'amarlo, il segreto della sua invulnerabilità. Agamennone, che pur a tratti appare giusto, non fa molto per impedire il sacrificio di Polissena, e comunque anche a lui lo squallido Polimestore predice una fine tristissima.

Polimestore è il "cattivo" di turno, eppure è in grado di profetizzare eventi che puntualmente, nel mito, si avvereranno. Uno riguarda la stessa Ecuba, che, pur essendo prostrata dal dolore per la distruzione della sua città e la perdita dei suoi 19 figli, è in grado di attuare una terribile vendetta.

Si ha insomma l'impressione che in questa tragedia Euripide, in realtà, non voglia salvare nessuno, ma che abbia scelto di raccontare una storia solo allo scopo di mostrare che in ogni essere umano, anche di rango elevato, vi sono aspetti di cui sarebbe meglio vergognarsi.

Forse il personaggio che appare meno contraddittorio è Ulisse, ma proprio perché egli rappresenta la ragion di stato, colui che non può tener conto di alcun aspetto personale quando sono in gioco gli interessi dei potenti alla cui cerchia ci si sente di appartenere.

II

Troia è stata distrutta da tre giorni e gli Achei sono in attesa di tornare a casa con le loro navi. I venti però non lo permettono. Polidoro non si lamenta soltanto d'essere stato ucciso da Polimestore subito dopo la rovina della città, al solo scopo d'impadronirsi del suo tesoro, e del fatto che il suo corpo è stato buttato in mare come un rifiuto qualsiasi, ma anticipa anche una nuova imminente tragedia: il sacrificio di Polissena, colei che, attraverso l'aiuto di Paride, suo fratello, era riuscita a eliminare Achille.

Polissena aveva assistito, senza essere vista, all'omicidio preterintenzionale di suo fratello Troilo, nel tempio di Apollo-Timbreo, dove si era rifugiato perché inseguito da Achille, che si era innamorato di lui, essendo un bi-sessuale. L'aveva abbracciato con tale foga da rompergli il torace. Troilo era il più giovane dei figli di Priamo e, secondo un oracolo, Troia non sarebbe mai caduta se lui avesse raggiunto i vent'anni: fu però ucciso all'inizio della guerra.

Polissena aveva giurato di vendicarsi e l'occasione buona venne quando Achille, per la restituzione a Priamo del corpo di Ettore, aveva preteso in oro l'equivalente del peso del cadavere. Siccome non si riusciva a trovarne abbastanza, Polissena decise di mettere anche se stessa sulla bilancia, convincendo Achille ad accettare. Persino i genitori di lei la lasciarono fare, convinti che si fosse davvero innamorata dell'eroe greco. D'altra parte Achille aveva promesso che l'avrebbe trattata non come una schiava ma come una regina, tant'è che Polissena pretese di sposarsi nello stesso tempio in cui era stato ucciso suo fratello e dove appunto Paride riuscirà a scoccare la freccia avvelenata nel tallone d'Achille.

Ovviamente anche il mito di Polissena, e non solo il suo sacrificio, andrebbe interpretato. Dietro può esserci stata la scoperta, ch'essa aveva fatto in qualità di amante, che la personalità machista di Achille era in realtà un colossale bluff, ovvero che la sua ostentata forza muscolare, il suo smisurato ego narcisista, altro non era che una maschera per nascondere i propri traumi interiori, di natura prevalentemente sessuale o identitaria.

Che Achille fosse un bi-sessuale lo si comprende anche dal fatto che la madre Teti, scoppiata la guerra di Troia, l'aveva nascosto facendogli portare abiti femminili. Il mito poi lo trasformò in eroe invincibile per sottrarlo a questa nomea poco onorevole. Quindi, se egli è esistito, non è stato una creatura di Omero, bensì di una madre possessiva, autoritaria, le cui pretese favorirono nel figlio una sorta di "ansia da prestazione" e quindi il sorgere di disturbi psicologici, di una forma di disadattamento sociale, che si manifestava chiaramente non solo in una ambigua identità sessuale, ma anche nel modo particolarmente permaloso e facile agli scoppi d'ira di reagire alle questioni di carattere affettivo o erotico: cosa che rendeva l'eroe greco assai poco adatto a diventare un personaggio politicamente di rilievo. Non a caso egli si era ritirato dalla guerra perché Agamennone gli aveva sottratto la schiava Briseide e la riprende quando i Troiani gli uccisero l'amante Patroclo.

Una variante del mito sostiene che Polissena stava addirittura preparando il passaggio di Achille dalla parte dei Troiani.

III

Entra in scena Ecuba, fatta schiava da Ulisse dopo la fine di Troia. Dice di aver avuto dei sogni molto strani sui suoi due figli, Polidoro e Polissena, che l'hanno turbata, ma non riesce a capirli.

Il coro, formato da quindici prigioniere troiane, spiega a Ecuba la nuova situazione che nel campo degli Achei si è venuta a creare. Una parte dell'armata (i figli di Teseo, "virgulti d'Atene") vuole il sacrificio di Polissena per onorare la tomba di Achille; l'altra parte invece, capeggiata da Agamennone, è contraria, ma viene accusata di esserlo solo per motivi personali, in quanto Agamennone si è preso come schiava una sorella di Polissena, Cassandra.

Poiché la diatriba si trascinava per le lunghe, aveva deciso d'intervenire "il demagogo astuto, suasivo, lo scaltro figlio di

Laerte", cioè Odisseo, capace di convincere tutti a credere che un eroe così straordinario come Achille meritava un favore assolutamente speciale, relativo al fatto che il soggetto da sacrificare era lo stesso che aveva causato la sua morte ingloriosa, e tutti sapevano quanto Achille fosse suscettibile quando erano in gioco i suoi interessi personali connessi all'affettività: la controversia tra lui e Agamennone per Briseide nessuno poteva certo dimenticarla.

A Ecuba quindi non resta che rivolgersi ad Agamennone. Prima però rivela a Polissena il suo imminente destino e, non senza stupore, deve constatare che la figlia pare accettarlo con molta dignità, in quanto preferisce morire piuttosto che vivere da schiava. Polissena è quasi più preoccupata di ciò che capiterà alla già affranta madre, vedendo un'altra figlia morire.

Qui bisogna considerare che per il mondo greco un sacrificio volontario del genere non comportava alcun premio ultraterreno. Si accettava l'autoimmolazione come valore in sé, come alternativa a una vita indegna. Per il resto tutti erano convinti di finire nell'Ade: "fra i morti, negli inferi, meschina giacerò", dice in tutta tranquillità la giovane Polissena.

A rivelare la decisione assembleare a Ecuba è lo stesso Ulisse, che usa un tono categorico, quasi burocratico, mettendo la donna di fronte al fatto compiuto. La freddezza di questo eroe è notevole. Per scioglierla un po' Ecuba gli ricorda quando, negli anni passati, era venuto a spiare Troia nella sua vita quotidiana, "malmesso, brutto", pensando di farla franca. Ma Elena lo riconobbe e lo segnalò proprio a lei, moglie di Priamo. E Ulisse, per aver salva la vita, la implorò così tanto di lasciarlo andare che alla fine lei acconsentì. E ora che le parti si sono invertite, Ecuba non può fare a meno di sottolineare l'ingratitudine di lui.

A Ecuba pare una mostruosità credere che Achille voglia sacrificare chi l'uccise, anche perché la vera colpevole di tutto, di tutta la guerra, non fu certo Polissena, bensì Elena. Per questo è ancora convinta che Ulisse, se vuole, può convincere l'esercito a non chiedere il sacrificio della figlia, che per lei è tutto: "patria, nutrice, bastone e guida". Lo supplica a più riprese di farlo, ma Ulisse resta irremovibile: terrà in vita Ecuba in cambio del favore che gli aveva concesso quando lui era in grave pericolo, ma non farà nulla per opporsi al volere dell'assemblea. Per lui è una questione di principio che un grande eroe come Achille ottenga un grande onore: ciò è un incentivo per ogni militare di morire per un ideale. E chi non comprende l'importanza di questo sacrificio è un "barbaro", glielo dice chiaramente.

Ulisse non vuol far vedere a Ecuba d'essere insensibile al suo dolore di madre: semplicemente le ricorda che in dieci anni di guerra anche tante donne greche erano rimaste vedove dei loro "sposi valorosi, sepolti sotto le zolle di Troia". Fare un sacrificio umano sulla tomba del più valoroso di tutti è come fare, simbolicamente, un sacrificio per tutti.

D'altro canto la stessa Polissena si guarda bene dal chiedere la grazia, anzi, spinge Ulisse ad affrettare il momento dell'olocausto (che poi ha più il sapore di una sentenza capitale), poiché teme, nel caso in cui ciò non avvenga, di dover vivere una vita assolutamente indegna per lei, figlia del re dei Frigi, regina fra le donne dell'Ida, "mortale, sì, ma per il resto dea". L'orgoglio di un'origine illustre le fa percepire come una tortura insopportabile un'esistenza senza onore. Una donna qualunque – in questa concezione aristocratica della vita – non avrebbe neppure motivo di autoimmolarsi, proprio perché il suo sacrificio non verrebbe percepito dalla cittadinanza come una cosa straordinaria. Qui Polissena vuol far vedere che si piega al verdetto con fierezza, quasi a dimostrare che la sentenza viene incontro ai suoi interessi di donna nobile, confermando la sua concezione elitaria della vita.

Al sentirla, Ecuba si preoccupa, perché vede che deve contrastare non solo il senso dell'onore degli Achei, ma anche quello di sua figlia, per cui decide di fare a Ulisse un'ultima proposta: siccome Achille era stato ucciso da Paride, sarebbe più giusto sacrificare la madre che l'aveva partorito che non la sorella. Ma Ulisse resta di ghiaccio: "lo spettro d'Achille ha chiesto di uccidere lei", le dice.

Disperata, Ecuba chiede d'essere sacrificata insieme alla figlia. All'ennesimo rifiuto di Ulisse, il dialogo tra la madre e la figlia diventa straziante. Ecuba non può che maledire Elena. E il coro conclude questa scena con alcuni versi inquietanti: "Non più l'Asia per me: in cambio c'è l'Europa, il regno dei morti". Ed era il 425 a.C. quando questa tragedia venne per la prima volta rappresentata. Allora l'Europa era solo un'espressione geografica. Ma quanto fu profetico quel lamento! L'Europa davvero diventerà un regno di morte, a partire soprattutto dall'impero romano, che, pur facendo la parte del "liberatore" contro i Macedoni, sottometterà tutta la Grecia e l'Asia Minore due secoli dopo.

Ecuba non si sentiva "europea", bensì "asiatica" e, per questa ragione, Ulisse la definiva "barbara". E bisogna dire che, in un certo senso, aveva ragione, perché erano stati proprio i Greci a fermare l'espansione persiana, al tempo delle storiche battaglie di Maratona e Salamina. Oppure, guardando le cose col senno del poi, dobbiamo dire che aveva torto? Dobbiamo cioè dire che l'invasione persiana avrebbe impedito all'Europa di diventare il "regno dei morti"?

IV

Entra in scena Taltibio, servo di Agamennone, per raccontare a Ecuba com'era morta Polissena, dopo averle detto che lei stessa dovrà provvedere alla sepoltura.

Al vedere la ricchissima Troia completamente distrutta, ucciso il suo re, schiavizzata la sua regina, privata di tutti i suoi figli, Taltibio stenta a credere nell'esistenza degli dèi, non è sicuro che Zeus, e non il caso, vigili sul destino degli uomini.

Egli racconta che Neottolemo[9] disse di voler sacrificare Polissena per placare l'ira funesta di Achille e poter così permettere agli Achei di salpare in tutta sicurezza. Quella volta era relativamente facile trovare un *escamotage* di tipo religioso per poter risolvere problemi indipendenti dalla propria volontà.

Infatti "con lui pregò tutto l'esercito". Non deve apparirci strano questo binomio di fede e sacrificio umano. In fondo, se ci pensiamo, nell'ambito del cristianesimo è avvenuto qualcosa di analogo: un dio-figlio, per placare l'ira di un dio-padre verso gli uomini peccatori, ha accettato, in piena libertà e per amore nei con-

---

[9] Neottolemo (detto anche Pirro) uccise Priamo vicino all'altare di Zeus; gettò Astianatte, figlio di Ettore, giù dalle mura della città in fiamme; prese Andromaca come sua schiava e da lei ebbe tre figli, ai quali lasciò l'Epiro dopo averlo conquistato. Fu ucciso da Oreste (figlio di Agamennone e assassino della madre Clitennestra e dell'amante Egisto) per motivi di risentimento personale, in quanto Menelao si era rimangiato la promessa di dargli in moglie la figlia Ermione, preferendogli appunto Neottolemo.

fronti degli uomini, d'immolarsi per loro, rendendo così inutile il tentativo di placare la medesima ira offrendo in sacrificio un montone (come facevano gli ebrei) o addirittura una vergine o comunque un ragazzino (come facevano tante altre religioni).

Sommamente teatrale è il resoconto delle ultime parole pronunciate da Polissena, che chiede ai suoi carnefici di non tenerla ferma mentre il boia, nei panni del sacerdote, eseguirà la sentenza, poiché lei stessa la desidera, non avendo intenzione, lei ch'era una principessa, di vivere da schiava. È teatrale perché si scopre il seno e chiede che la colpiscano con la spada proprio lì, oppure nel collo. Ed è quest'ultimo che l'esecutore Neottolemo, non senza turbamento, preferisce. Non meno teatrale che Euripide aggiunga che lei si preoccupò di "morire composta, celando ciò che agli uomini si cela".

Dopo aver ascoltato tutto ciò, Ecuba pronuncia una sorta di conclusione filosofica in cui traspare un certo ateismo, in quanto essa deve constatare che se buoni frutti possono venire anche da una terra cattiva, e viceversa, tra gli uomini invece "il tristo è sempre tristo, il buono buono; gli eventi non cambiano l'indole onesta". Questo per dire che tutto è affidato al caso o al destino e che gli dèi non riescono a cambiare gli uomini. "Vanità sono le grandi idee, gli sfoggi di parole. Lieto chi vive illeso alla giornata".

Spesso Euripide, nelle sue tragedie, arriva a queste considerazioni scettiche, ma non bisogna vederle come dominanti nella sua personalità, che invece resta alquanto travagliata e problematica.

Ecuba poi manda un'ancella a prendere l'acqua dal mare, con cui vuol lavare il corpo della figlia prima di seppellirla. Ma quando quella ritorna, la tragedia, già sommamente dolorifica fino a quel punto, fa piombare Ecuba in una totale disperazione. L'annuncio, infatti, è ancora più terrificante del precedente sul destino della figlia, in quanto toglie ogni possibilità di riscatto ai Priamidi, ogni possibile conforto alla stessa Ecuba: l'ancella ha trovato in riva al mare il cadavere del figlio Polidoro, ucciso da Polimestore, cui Priamo l'aveva affidato insieme a molto oro.

V

L'ultima parte della tragedia potrebbe essere intitolata "vendetta, tremenda vendetta". Ecuba infatti pensa di servirsi di Agamennone per vendicare i suoi figli, qui rappresentati dall'ultimo nato, Polidoro, di cui può soltanto costatare una morte violenta e ignominiosa, in quanto procurata da un parente di Priamo (avendo sposato, di quest'ultimo, la figlia Iliona) nei confronti di un ospite (l'ospitalità quella volta era sacra e non solo per i Greci), il quale, per di più, era stato lascianto insepolto (anche se non era certo con una sepoltura che Polimestore avrebbe potuto evitare i sospetti su di sé).

La misura sembra essere diventata colma: Ecuba si trasforma da madre distrutta dal dolore a giustiziera della notte. Tale improvviso mutamento lascia interdetti, poiché, fino a pochissimi attimi prima, Ecuba sembrava disposta a morire o con la figlia o al suo posto. Ora invece vuol vivere per poter compiere un omicidio. E vuole dimostrare, non solo a se stessa, ma anche ad Agamennone e a tutti gli Achei, che le donne non sono meno astute, coraggiose e terribili degli uomini.

Anzitutto convince Agamennone d'essere la donna più sventurata di tutta l'Ellade, perché nel giro di pochi giorni le è crollato il mondo addosso. In secondo luogo lui non può non convenire sul fatto che, tra i delitti peggiori che un uomo possa compiere, vi è senza dubbio quello dell'assassinio di un ospite. Tuttavia Agamennone non vuole prendere provvedimenti contro il trace Polimestore, perché non ha alcun contenzioso contro di lui.

Ecuba, per questa ragione, si cruccia di non essere padrona di quell'arte dialettica e retorica chiamata "persuasione", lei che pur sa "tante cose". Ciò nondimeno prova lo stesso a tirar fuori alcuni strumenti (collaudati) di quest'arte, chiamando in causa le questioni personali. Gli ricorda che, siccome lui sta condividendo il talamo con Cassandra (altra figlia di Ecuba), fatta prigioniera a Troia, deve considerare Polidoro come suo cognato. Un uomo nobile come Agamennone, ritenuto un giusto, non può restare indifferente nei confronti dei malfattori, meno che mai quando sono in gioco i parenti, vicini o lontani che siano.

Interessante che qui Euripide commenti questa scena, per bocca della Corifea, dicendo una cosa che tanto ricorda la cosiddetta "astuzia della ragione": "Strane le congiunture degli eventi!

Norme fatali assegnano le parti: rendono amici nemici implacabili; chi fu benigno lo rendono ostile". Avvenimenti puramente casuali che, ancora una volta, sembrano minacciare la pretesa esistenza delle divinità.

Essendo "rispettoso del giusto e degli dèi", Agamennone non vuole agire per motivi personali (Cassandra imparentata con Polidoro), quanto per motivi oggettivi: l'empio va punito, anche se risulta essere amico o alleato degli Achei, e Polidoro invece un nemico oggettivo. Deve dunque affrontare un'ardua *querelle*.

Ecuba però lo invita ad assumersi delle responsabilità e a non lasciarsi condizionare da fattori esterni. Quanto poi all'aiuto che dovrebbe darle, sarà sufficiente ch'egli ponga le condizioni perché i "giustizieri" possano agire indisturbati.

Agamennone è titubante: non crede che, per uccidere Polimestore, siano sufficienti l'inganno di Ecuba e il numero delle donne troiane. Ecuba però gli ricorda due eventi in cui le donne ebbero la meglio sui maschi, quando vinsero gli Egizi (al tempo di Nefertiti? Nefertari? Hatshepsut?) e a Lemno (ove dominavano le Amazzoni). In fondo Agamennone non deve materialmente compiere alcun delitto, deve soltanto fare in modo che non venga ostacolata la vendetta (che qui – come sempre peraltro nel mondo greco – ambisce a presentarsi come una forma di giustizia). Deve cioè lavorare sulle circostanze, ed è infatti su questo che si convince.

VI

L'ultima scena è la più agghiacciante, degna di un thriller. Polimestore, coi suoi due figli, armati e scortati, incontra Ecuba. Finge subito di cadere dalle nuvole, riguardo alla rovina di Troia e alla fine miserabile della dinastia dei Priamidi, e se ne esce con una frase dal vago sapore ateistico: "Gli dèi mischiano tutto, capovolgono, sconvolgono, perché, nell'ignoranza, noi li adoriamo. Inutili lamenti, perché non c'è rimedio alle sventure". Dunque a che pro credere in entità così irrazionali?

Col pretesto di dovergli dire delle cose private, con cui motivare l'averlo fatto venire lì, Ecuba gli chiede di allontanare la scorta armata. Poi la sua domanda cruciale riguarda ovviamente la salute di Polidoro, e qui, in risposta, una nuova bugia. Anche per quanto riguarda l'oro, Polimestore si preoccupa soltanto di dire ch'era ben custodito.

L'inganno vero e proprio scatta solo a questo punto. Poiché Ecuba ha ben capito quanto Polimestore sia avido, gli prospetta la possibilità di dover custodire altro oro troiano, che fino a qualche giorno fa si trovava nel tempio di Atena Poliade, e che ora invece era tenuto nascosto in una tenda dell'accampamento, riservata alle donne troiane, senza che gli Achei vi avessero piantonato delle proprie guardie (espediente, questo di Euripide, davvero poco credibile).

Polimestore cade nella trappola e, senza scorta, si dirige coi figli verso la tenda. Appena entrato, si consuma il delitto. Ecuba e le quindici troiane ammazzano i due figli di Polimestore e accecano lui. "Il conto è saldato", gli dice, soddisfatta, Ecuba.

Siccome però le urla si erano sentite per tutto il campo militare, Agamennone non può non intervenire. Ovviamente i soccorsi arrivano troppo tardi. Polimestore, completamente cieco, lo riconosce solo dalla voce e gli chiede di aiutarlo ad ammazzare Ecuba, ma Agamennone non ne vuol sapere, anzi, fingendo di non conoscere neppure l'intenzione omicida di lei, chiede a Polimestore di motivare le ragioni di questa spietatezza. E lui gli spiega perché aveva dovuto ammazzare Polidoro: "Temevo che il ragazzo, tuo nemico, ripopolasse Troia coi superstiti, e che gli Argivi [gli Achei], sapendo che un Priamide era vivo, avrebbero montato un'altra impresa contro i Frigi [i Troiani], infestando la Tracia di soccorsi, cioché per noi, confinanti con loro, tutti i recenti guai si sarebbero ripetuti". Dunque una motivazione squisitamente politica e apparentemente anche convincente, favorevole sia agli Achei che ai Traci.

Poi spiega il modo subdolo in cui tutte quelle donne, nella tenda, li hanno fatti fuori, e arriva a usare l'epiteto di "cagne omicide", maledicendo l'intero genere femminile. Al che la Corifea reagisce, anticipando la difesa di Ecuba: "Meno baldanza! Se soffri, nel biasimo non coinvolgere il sesso femminile!".

Certo, era stato accecato con l'inganno, ma perché, forse Troia era stata presa in un confronto alla pari? Non sono forse anche gli uomini maestri nel tendere trappole? nell'usare mezzi non regolamentari?

La difesa di Ecuba è esemplare e Polimestore viene completamente smascherato. Perché non sia stato ucciso anche lui resta poco chiaro; forse Ecuba voleva dimostrare ad Agamennone quanto fosse falsa la motivazione che Polimestore stesso avrebbe dato del suo omicidio di Polidoro.

L'esordio della difesa della regina è potente, anche se circoscritto nell'ambito della filosofia greca, per cui si tende a far coincidere verità con evidenza: "La chiacchiera degli uomini, Agamennone, non dovrebbe contare più dei fatti. Dovrebbe parlar bene chi fa bene, e chi fa male avere eloquio debole, non ornare d'orpelli l'ingiustizia". Che cos'è questa se non una critica della Sofistica o comunque di quella retorica così tanto usata nelle assemblee politiche o nei tribunali giudiziari?

Dopodiché enuncia per punti le sue controdeduzioni: "I barbari amici dei Greci non saranno mai né potrebbero". A chi si riferisca, usando la parola "barbaro", non è chiarissimo, anche se, più avanti, Agamennone farà capire che tra Greci e Traci non correva buon sangue. Per i Greci sicuramente i Troiani erano considerati "barbari", per cui la ripresa di una guerra tra Frigi ed Achei sarebbe avvenuta anche a prescindere dal fatto che Polidoro avesse potuto o no ripopolare Troia. Peraltro, il fatto stesso che Polimestore avesse ucciso il proprio ospite, sarebbe stato considerato per i Greci una dimostrazione eloquente del carattere barbarico dei Traci, per cui, se anche fosse scoppiata una nuova guerra tra Achei e Frigi, il trace Polimestore non sarebbe stato considerato particolarmente gradito agli Achei e inevitabilmente, prima o poi, avrebbe fatto la stessa fine dei Troiani. Gli Achei lo consideravano un amico solo per convenienza politica, essendo in corso una guerra contro Troia; a guerra finita avrebbero ripreso a trattarlo come un "barbaro", essendo re di un territorio molto lontano da loro, il Chersoneso (l'odierna Crimea), che verrà poi interamente colonizzato dai Greci.[10]

---

[10] Anche la Tracia, regione dell'Europa orientale, compresa tra la Macedonia, il Danubio, il Ponto Eusino e la Propontide, verrà colonizzata dai Greci. La Frigia, regione storica dell'Anatolia, era compresa tra la Macedonia e la Tracia. Forse qui è il caso di ricordare che la Troade, a occidente dell'Asia minore, tra il Mar Egeo, l'Ellesponto e la Propontide, era stata conquistata dai Frigi, che avevano occupato anche le colonie greche sulla costa: di qui una delle motivazioni fondamentali della guerra di Troia, città poco distante dall'Ellesponto, in grado di do-

Il secondo punto della difesa è invece molto chiaro. Polimestore aveva ucciso Polidoro esclusivamente per impadronirsi dei suoi beni preziosi, e l'avrebbe fatto non quando Troia resisteva ai Greci, ma subito dopo, quando l'aveva vista espugnata (era in grado di vedere il fumo degli edifici incendiati).

Col terzo punto lo smaschera completamente: "Se veramente eri amico dei Greci – gli dice Ecuba –, l'oro che avevi, non essendo tuo, avresti dovuto darlo a loro, bisognosi, esuli tanto tempo dalla patria. Ma tu non te la senti di lasciarlo neppure adesso...".

Infine la conclusione, di tipo etico: "Gli amici si conoscono nei guai: ce n'è fin troppi nella buona sorte".

Agamennone non può che darle ragione. E aggiunge: "Forse uccidere un ospite, da voi non conta nulla: per noi Greci è un'onta" (tanto più che l'ospite era suo cognato).[11]

La tragedia però si conclude con un tono un po' moralistico. Siccome Ecuba sembra voler infierire, trovando soddisfazione in ciò che ha appena fatto, Polimestore le predice ulteriori sventure, rivelategli da Dioniso, oracolo dei Traci. La prima è che lei stessa si suiciderà buttandosi nel mare da una nave achea durante il viaggio di ritorno, e la sua tomba recherà il nome "Capo Cagna", punto di riferimento per chi naviga[12]; la seconda è che anche l'altra sua figlia, Cassandra, morirà in maniera violenta, e proprio per mano di Clitennestra, moglie di Agamennone, e del suo amante Egisto[13], e, con lei, lo stesso Agamennone verrà ucciso. E mentre

---

minare lo stretto dei Dardanelli e quindi i traffici sul Mar Nero. Troia fu distrutta dagli Achei nel XIII sec. a.C. e ricostruita per ben nove volte.

[11] Secondo un'altra versione del mito Polidoro fu consegnato da Polimestore ad Aiace Telamonio, che propose ai Troiani di scambiarlo con Elena; al loro rifiuto, Polidoro venne lapidato sotto le mura della città.

[12] Pare che questo "tumulo" sia stato individuato presso Gallipoli – l'attuale Gelibolu turco sullo stretto dei Dardanelli –, chiamato "Cinossema", ovvero "La Tomba della Cagna": un altissimo ammasso di pietre che, posto in riva al mare, serviva come punto di riferimento ai marinai. A conferma di ciò si può aggiungere che, secondo il mito, Ecuba fu posta da Zeus nel firmamento, divenendo la costellazione dell'Orsa Minore, la cui Stella Polare orienta i naviganti, come sulla Terra la Cinossema.

[13] Agamennone era stato il secondo marito di Clitennestra: le aveva ucciso il primo marito, i figli di primo letto, la figlia Ifigenia e si era invaghito di Criseide e di Briseide, oltre che ovviamente di Cassandra. Con l'aiuto dell'amante Egisto, Clitennestra uccise sia Agamennone che Cassandra. A sua volta però venne uc-

Ecuba si limita a sputare per terra e a fare gli scongiuri, Agamennone, al sentirlo, s'indispettisce alquanto, e ordina che venga abbandonato, nel viaggio di ritorno, in un'isola deserta.

Purtroppo per loro, tutto quello che aveva predetto, sarebbe avvenuto, anche se una versione del mito vuole che Ecuba sia stata lapidata dai compagni di Ulisse, stanchi d'essere insultati. Fu appunto sotto le pietre della lapidazione che si trovò una cagna con gli occhi di fuoco. Ma i miti – si sa – sono stati scritti da uomini, e quale occasione migliore di questa per fare sfoggio del proprio maschilismo?

____

cisa da Oreste, figlio di Agamennone.

La grande signora Circe

[Prima sequenza]

Contenti dello scampo, e in un dogliosi
Per li troppi compagni in sì crudele
Guisa periti, navigammo avanti,
E su l'isola Eèa sorgemmo, dove
Circe, diva terribile, dal crespo
Crine e dal dolce canto, avea soggiorno.
Suora germana del prudente Eeta,
Dal Sole aggiornator nacque, e da Persa,
Dell'antico Oceàn figliuola illustre.
Taciti a terra ci accostammo, entrammo,
Non senza un dio che ci guidasse, il cavo
Porto, e sul lido uscimmo; e qui due giorni
Giacevamo, e due notti, il cor del pari
La stanchezza rodendoci e la doglia.
Come recato ebbe il dì terzo l'alba,
Io, presa l'asta ed il pungente brando,
Rapidamente andai sovra un'altezza,
Se d'uomo io vedessi opra, o voce udissi.
Fermato il piè su la scoscesa cima.
Scôrsi un fumo salir d'infra una selva
Di querce annose, che in un vasto piano
Di Circe alla magion sorgeano intorno.
Entrar disposi senza indugio in via,
E il paese cercar: poi, ripensando,
Al legno invece rivoltar i passi,
Cibo dare ai compagni, e alcuni prima
A esplorare invïar, mi parve il meglio.
Già tra la nave e me poco restava:
Quando ad un de' celesti, in cui pietade
Per quella solitudine io destai,
Grosso ed armato di ramose corna
Drizzare alla mia volta un cervo piacque.
Spinto dal Sole, che il cocea co' raggi,
De' paschi uscìa della foresta, e al fiume
Scendea con labbra sitibonde; ed io
Su la spina lo colsi a mezzo il tergo
Sì che tutto il passò l'asta di rame.

Nella polve cadé, mandando un grido,
E via ne volò l'alma. Accorsi, e, il piede
Pontando in esso, dalla fonda piaga
Trassi il cerro sanguigno, ed il sanguigno
Cerro deposi a terra: indi virgulti
Divelsi e giunchi, attorcigliaili, fune
Sei spanne lunga ne composi, e i morti
Piedi ne strinsi dell'enorme fera.
Al fin sul collo io la mi tolsi, e mossi,
Su la lancia poggiandomi, al naviglio:
Ché mal potuto avrei sovra una sola
Spalla portar così sformata belva.
Presso la nave scaricàila; e ratto
Con soavi parole i miei compagni,
A questo rivolgendomi ed a quello,
Così tentai rïanimare: "Amici,
Prima del nostro dì, d'Aide alle porte
Non calerem, benché ci opprima il duolo.
Su, finché cibo avemo, avem licore,
Non mettiamli in obblìo; né all'importuna
Fame lasciamci consumar di dentro".
Quelli ubbidendo alle mie voci, uscîro
Delle latebre loro, e, in riva al mare,
Che frumento non genera, venuti,
Stupìan del cervo: sì gran corno egli era!
E come sazi del mirarlo fûro,
Ne apparecchiâro non vulgar convito,
Sparse prima di chiara onda le palme.
Così tutto quel dì sino all'occaso
Di carne opìma e di fumoso vino
L'alma riconfortammo: il sol caduto
E comparse le tenebre, nel sonno
Ci seppellimmo al mormorio dell'onde.
Ma sorta del mattin la rosea figlia,
Tutti io raccolsi a parlamento, e dissi:
"Compagni, ad onta di guai tanti, udite.
Qui, d'onde l'austro spiri o l'aquilone,
E in qual parte il Sole alza, in qual dechina,
Noto non è. Pur consultare or vuolsi,
Qual consiglio da noi prender si debba,
Se v'ha un consiglio: di che forte io temo,
Io d'in su alpestre poggio isola vidi
Cinta da molto mar, che bassa giace,

E nel cui mezzo un nereggiante fumo
D'infra un bosco di querce al ciel si volve",
Rompere a questo si sentiro il core,
D'Antìfate membrando e del Ciclope
La ferocia, i misfatti, e le nefande
Della carne dell'uom mense imbandite.
Strida metteano, e discieglieansi in pianto.
Ma del pianto che pro? che delle strida?
Tutti in due schiere uguali io li divisi.
E diedi ad ambo un duce: all'una il saggio
Eurìloco, e me all'altra, indi nel cavo
Rame dell'elmo agitavam le sorti,
Ed Euriloco uscì, che in via si pose
Senza dimora. Ventidue compagni,
Lagrimando, il seguìan; né affatto asciutte
Di noi, che rimanemmo, eran le guance.
Edificata con lucenti pietre
Di Circe ad essi la magion s'offerse,
Che vagheggiava una feconda valle.
Montani lupi e leon falbi, ch'ella
Mansuefatti avea con sue bevande,
Stavano a guardia del palagio eccelso,
Né lor già s'avventavano; ma invece
Lusingando scotean le lunghe code,
E su l'anche s'ergeano. E quale i cani
Blandiscono il signor, che dalla mensa
Si leva, e ghiotti bocconcelli ha in mano;
Tal quelle di forte unghia orride belve
Gli ospiti nuovi, che smarriti al primo
Vederle s'arretraro, ivan blandendo.
Giunti alle porte, la deessa udìro
Dai ben torti capei, Circe, che dentro
Canterellava con leggiadra voce,
Ed un'ampia tessea, lucida, fina,
Maravigliosa, immortal tela, e quale
Della man delle dive uscir può solo.
Pòlite allor, d'uomini capo, e molto
Più caro e in pregio a me, che gli altri tutti
Sciogliea tai detti: "Amici, in queste mura
Soggiorna, io non so ben se donna o diva
Che tele oprando, del suo dolce canto
Tutta fa risentir la casa intorno.
Voce mandiamo a lei." Disse, e a lei voce

Mandaro; e Circe di là tosto ov'era,
Levossi e aprì le luminose porte,
E ad entrare invitavali. In un groppo
La seguìan tutti incautamente salvo
Eurìloco, che fuor, di qualche inganno
Sospettando, restò. La dea li pose
Sovra splendidi seggi: e lor mescea
Il Pramnio vino con rappreso latte,
Bianca farina e mel recente; e un succo
Giungeavi esizïal, perché con questo
Della patria l'obblìo ciascun bevesse.
Preso e vôtato dai meschini il nappo,
Circe batteali d'una verga, e in vile
Stalla chiudeali: avean di porco testa,
Corpo, sétole, voce; ma lo spirto
Serbavan dentro, qual da prima, intègro.
Così rinchiusi, sospirando, fûro:
Ed ella innanzi a lor del cornio i frutti
Gettava, e della rovere e dell'elce,
De' verri accovacciati usato cibo.
Nunzio verace dell'infausto caso
Venne rapido Euriloco alla nave.
Ma non potea per iterati sforzi
La lingua disnodar: gonfi portava
Di pianto i lumi, e un vïolento duolo
L'alma gli percotea. Noi, figurando
Sventure nel pensier, con maraviglia
L'interrogammo; ed ei l'eccidio al fine
De' compagni narrò: "Nobile Ulisse,
Attraversato delle querce il bosco,
Come tu comandavi, eccoci a fronte
Magion construtta di politi marmi,
Che di mezzo a una valle alto s'ergea.
Tessea di dentro una gran tela, e canto,
Donna o diva, chi 'l sa? stridulo alzava.
Voce mandaro a lei. Levossi e aperse
Le porte e ne invitò. Tutti ad un corpo
Nella magion disavvedutamente
Seguìanla: io no, che sospettai di frode.
Svaniro insieme tutti; e per istarmi
Lungo ch'io feci ad esplorare assiso,
Traccia d'alcun di lor più non m'apparve".
Disse; ed io grande alle mie spalle, e acuta,

Spada, d'argento bullettata, appesi,
Appesi un valid'arco, e ingiunsi a lui,
Che innanzi per la via stessa mi gisse.
Ma Euriloco, i ginocchi ad ambe mani
Stringendomi e piangendo: "Ah! mal mio grado",
Con sùpplici gridò parole alate,
"Lá non guidarmi, o del gran Giove alunno,
Donde, non che altri ricondur, tu stesso
Ritornar non potrai. Fuggiam, fuggiamo
Senza indugio con questi, e la vicina
Parca schiviam, finché schivarla è dato".
"Euriloco", io risposi, "e tu rimanti,
Di carne e vino a riempirti il ventre,
Lungo la nave. Io, cui severa stringe
Necessitate, andrò".

[Seconda sequenza]

Ciò detto, a tergo
La nave negra io mi lasciava e il mare.
Già per le sacre solitarie valli
Della Maga possente all'alta casa
Presso io mi fea, quando Mercurio, il nume
Che arma dell'aureo caduceo la destra,
In forma di garzone, a cui fiorisce
Di lanugine molle il mento appena,
Mi venne incontro, e per la man mi prese,
E: "Misero!" diss'ei con voce amica,
"Perché ignaro de' lochi, e tutto solo,
Muòvi così per queste balze a caso?
Sono in poter di Circe i tuoi compagni,
E li chiudon, quai verri, anguste stalle.
Venìstu forse a riscattarli? Uscito
Dell'immagine tua penso che a terra
Tu ancor cadrai. Se non che trarti io voglio
Fuor d'ogni storpio, e in salvo porti. Prendi
Questo mirabil farmaco, che il tristo
Giorno dal capo tuo storni, e con esso
Trova il tetto di Circe, i cui perversi
Consigli tutti io t'aprirò. Bevanda
Mista, e di succo esizïale infusa,
Colei t'appresterà: ma le sue tazze
Contra il farmaco mio nulla varranno.

Più oltre intendi. Come te la diva
Percosso avrà d'una sua lunga verga,
Tu cava il brando che ti pende al fianco,
E, di ferirla in atto, a lei t'avventa.
Circe, compresa da timor, sue nozze
T'offrirà pronta: non voler tu il letto
Della dea ricusare, acciò ti sciolga
Gli amici, e amica ti si renda. Solo
Di giurarti costringila col grande
Degl'immortali dèi giuro, che nulla
Più non sarà per macchinarti a danno;
Onde, poiché t'avrà l'armi spogliate,
Del cor la forza non ti spogli ancora".
Finito il ragionar l'erba salubre
Porsemi già dal suol per lui divelta,
E la natura divisonne: bruna
N'è la radice; il fior bianco di latte;
Moli i numi la chiamano: resiste
Alla mano mortal, che vuol dal suolo
Staccarla; ai dèi, che tutto ponno, cede.
Detto, dalla boscosa isola il nume
Alle pendici dell'Olimpo ascese;

[Terza sequenza]

Ed io vêr Circe andai; ma di pensieri
In gran tempesta m'ondeggiava il core.
Giunto alla diva dalle belle trecce,
La voce alzai dall'atrio. Udimmi, e ratta
Levossi, e aprì le luminose porte,
E m'invitava: io la seguìa non lieto.
Sovra un distinto d'argentini chiovi
Seggio a grand'arte fatto, e vago assai,
Mi pose: lo sgabello i piè reggea.
Quindi con alma che pensava mali,
La mista preparommi in aureo nappo
Bevanda incantatrice, ed io la presi
Dalla sua mano, e bebbi; e non mi nocque.
Però in quel che la dea me della lunga
Verga percosse, e: "Vanne", disse, "e a terra
Co' tuoi compagni nella stalla giaci",
Tirai dal fianco il brando, e contra lei,
Di trafiggerla in atto, io mi scagliai.

Circe, mandando una gran voce, corse
Rapida sotto il colpo, e le ginocchia
Con le braccia afferrommi, e queste alate
Parole mi drizzò, non senza pianto:
"Chi sei tu? donde sei? la patria dove?
Dove i parenti a te? Stupor m'ingombra,
Che l'incanto bevuto in te non possa,
Quando io non vidi, cui passasse indarno
Per la chiostra de' denti il mio veleno.
Certo un'anima invitta in petto chiudi.
Saréstu forse quel sagace Ulisse,
Che Mercurio a me sempre iva dicendo
Dover d'Ilio venir su negra nave?
Per fermo sei. Nella vagina il brando
Riponi, e sali il letto mio: dal core
D'entrambi ogni sospetto amor bandisca".
"Circe", risposi, "che da me richiedi?
Io cortese vêr te, che in sozze belve
Mi trasformasti gli uomini? Rivolgi
Tacite frodi entro te stessa; ed io
La tua penetrerò stanza secreta,
Onde, poiché m'avrai l'armi spogliate,
Del cor la forza tu mi spogli ancora?
No, se non giuri prima, e con quel grande
Degl'immortali dèi giuro, che nulla
Più non sarai per macchinarmi a danno".
Dissi; e la dea giurò. Di Circe allora
Le belle io salsi maritali piume.

[Quarta sequenza]

Quattro serviano a lei nel suo palagio
Di quelle Ninfe che dai boschi nate
Sono, o dai fonti liquidi, o dai sacri,
Che devolvonsi al mar, rapidi fiumi.
L'una gittava su i politi seggi
Bei tappeti di porpora, cui sotto
Bei tappeti mettea di bianco lino:
L'altra mense d'argento innanzi ai seggi
Spiegava, e d'oro v'imponea canestri:
Mescea la terza nell'argentee brocche
Soavissimi vini, e d'auree tazze
Coprìa le mense: ma la quarta il fresco

Fonte recava, e raccendea gran fuoco
Sotto il vasto treppié, che l'onda cape.
Già fervea questa nel cavato bronzo,
E me la ninfa guidò al bagno, e l'onda
Pel capo mollemente e per le spalle
Spargermi non cessò, ch'io mi sentii
Di vigor nuovo rifiorir le membra.
Lavato ed unto di licor d'oliva,
E di tunica e clamide coverto,
Sovra un distinto d'argentini chiovi
Seggio a grand'arte fatto, e vago assai,
Mi pose: lo sgabello i piè reggea.
E un'altra ninfa da bel vaso d'oro
Purissim'acqua nel bacil d'argento
Mi versava, e stendeami un liscio desco,
Che di candido pane e di serbate
Dapi a fornir la dispensiera venne:
"Cìbati", mi dicea la veneranda
Dispensiera, ed instava; ed io, d'ogni esca
Schivo, in altri pensieri, e tutti foschi,
Tenea la mente, pur sedendo, infissa.

[Quinta sequenza]

Circe, ratto che avvidesi ch'io mesto
Non mi curava della mensa punto,
Con queste m'appresso voci sul labbro:
"Perché così, qual chi non ha favella,
Siedi, Ulisse, struggendoti, e vivanda
Non tocchi, né bevanda? In te sospetto
S'annida forse di novello inganno?
Dopo il mio giuramento a torto temi".
Ed io: "Circe, qual mai retto uomo e saggio
Vivanda toccheria prima, o bevanda,
Che i suoi vedesse riscattati e salvi?
Fa' che liberi io scorga i miei compagni,
Se vuoi che della mensa io mi sovvegna".
Circe uscì tosto con in man la verga,
E della stalla gl'infelici trasse,
Che di porci novenni avean l'aspetto.
Tutti le stavan di rincontro; e Circe,
D'uno all'altro passando, un prezïoso
Sovra lor distendea benigno unguento.

Gli odiati peli, che la tazza infesta
Produsse, a terra dalle membra loro
Cadevano; e ciascun più che non era,
Grande apparve di corpo, e assai più fresco
D'etade in faccia, e di beltà più adorno.
Mi ravvisò ciascuno, ed afferrommi
La destra; e un così tenero e sì forte
Compianto si levò, che la magione
Ne risonava orrendamente, e punta
Sentìasi di pietà la stessa Maga.
Ella, standomi al fianco: "O sovrumano
Di Laerte figliuol, provvido Ulisse,
Corri", diceami, "alla tua nave, e in secco
La tira, e cela nelle cave grotte
Le ricchezze e gli arnesi: indi a me torna.
E i diletti compagni adduci teco".
M'entrò il suo dir nell'alma. Al lido io corsi,
E i compagni trovai, che appo la nave
Di lagrime nutrìansi e di sospiri.
Come, se riedon le satolle vacche
Dai verdi prati al rusticale albergo,
I vitelli saltellano, e alle madri,
Che più serraglio non ritienli o chiostra,
Con frequente muggir corrono intorno:
Così con pianto a me, vistomi appena,
Intorno s'aggiravano i compagni,
E quei mostravan su la faccia segni,
Che vi si scorgerìan, se il dolce nido,
Dove nacquero e crebbero, se l'aspra
Itaca avesser tocca: "O", lagrimando
Dicean, "di Giove alunno, una tal gioia
Sarebbe a stento in noi, se ci accogliesse
D'Itaca il porto. Ma, su via, l'acerbo
Fato degli altri raccontar ti piaccia".
Ed io con dolce favellar: "La nave
Si tiri in secco, e nelle cave grotte
Le ricchezze si celino e gli arnesi.
Poi seguitemi in fretta; ed i compagni
Nel tetto sacro dell'illustre Circe
Vedrete assisi ad una mensa, in cui
Di là d'ogni desio la copia regna".
Pronti obbediro.

[Sesta sequenza]

Ripugnava Euriloco
Solo, ed or questo m'arrestava, or quello,
Gridando: "Sventurati, ove ne andiamo?
Qual mai vi punge del disastro sete,
Che discendiate alla maliarda, e vôlti
Siate in leoni, in lupi, o in sozzi verri,
Il suo palagio a custodir dannati?
L'ospizio avrete del Ciclope, quando
Calâro i nostri nella grotta, e questo
Prode Ulisse guidavali, di cui
Morte ai miseri fu lo stolto ardire".
Così Euriloco; ed io la lunga spada
Cavar pensai della vagina, e il capo
Dal busto ai piè sbalzargli in su la polve,
Benché vincol di sangue a me l'unisse.
Ma tutti quinci riteneanmi, e quindi
Con favella gentil: "Di Giove alunno,
Costui sul lido, se ti piace in guardia
Della nave rimangasi, e alla sacra
Magion noi guida". Detto ciò, dal mare
Meco venìan, né restò quegli indietro:
Tanto della minaccia ebbe spavento.

[Settima sequenza]

Cura prendeasi Circe in questo mezzo
Degli altri, che lavati, unti, e di buone
Tuniche cinti e di bei manti fûro.
Seduti a mensa li trovammo. Come
Si sguardâro l'un l'altro, e sul passato
Con la mente tornâro, in pianti e in grida
Davano; e ne gemean pareti e volte.
M'appressò allora, e mi parlò in tal guisa
L'inclita tra le dive: "O di Laerte
Gran prole, o ricco di consigli Ulisse,
Modo al dirotto lagrimar si ponga.
Noto è a me pur, quanti nel mar pescoso
Duraste affanni, e so le crude offese
Che vi recâro in terra uomini ostili.
Su via, gioite omai, finché nel petto
Vi rinasca l'ardir, ch'era in voi, quando

Itaca alpestre abbandonaste in prima.
Bassi or gli spirti avete, e freddo il sangue,
Per la memoria de' vïaggi amari
Nelle menti ancor viva, e l'allegrezza
Disimparaste tra cotanti guai".
Agevolmente ci arrendemmo. Quindi
Pel continuo rotar d'un anno intero
Giorno non ispuntò, che a lauta mensa
Me non vedesse e i miei compagni in festa.
Ma rivolto già l'anno, e le stagioni
Tornate in sé col varïar de' mesi,
Ed il cerchio dei dì molti compiuto,
I compagni, traendomi in disparte:
"Infelice!" mi dissero, "del caro
Cielo nativo e delle avite mura
Non ti rammenterai, se vuole il fato
Che in vita tu rimanga, e le rivegga?"
Sano avviso mi parve. Il sol caduto,
E coverta di tenebre la terra,
Quei si corcâro per le stanze; ed io,
Salito il letto a maraviglia bello
Di Circe, supplichevoli drizzai
Alla dea, che m'udì, queste parole:
"Attiemmi, o Circe, le impromesse, e al caro
Rendimi natìo ciel, cui sempre vola,
Non pure il mio, ma de' compagni il core,
De' compagni, che stanno a me d'intorno,
Sempre che tu da me t'apparti, e tutta
Con le lagrime lor mi struggon l'alma".
"O di Laerte sovrumana prole",
La dea rispose, "ritenervi a forza
Io più oltre non vo'. Ma un'altra via
Correre in prima è d'uopo: è d'uopo i foschi
Di Pluto e di Proserpina soggiorni
Vedere in prima, e interrogar lo spirto
Del teban vate, che, degli occhi cieco,
Puro conserva della mente il lume;
Di Tiresia, cui sol diè Proserpina
Tutto portar tra i morti il senno antico.
Gli altri non son che vani spettri ed ombre".
Rompere il core io mi sentìi. Piagnea,
Su le piume giacendomi, né i raggi
Volea del Sol più rimirare. Al fine,

Poiché del pianger mio, del mio voltarmi
Su le piume io fui sazio: "Or qual", ripresi,
"Di tal vïaggio sarà il duce? All'Orco
Nessun giunse finor su negra nave".
"Per difetto di guida", ella rispose
Non t'annoiar. L'albero alzato, e aperte
Le tue candide vele, in su la poppa
T'assidi, e spingerà Borea la nave.
Come varcato l'Oceàno avrai,
Ti appariranno i bassi lidi, e il folto
Di pioppi eccelsi e d'infecondi salci
Bosco di Proserpìna: e a quella piaggia,
Che l'Oceán gorghiprofondo batte,
Ferma il naviglio, e i regni entra di Pluto.
Rupe ivi s'alza, presso cui due fiumi
S'urtan tra lor rumoreggiando, e uniti
Nell'Acheronte cadono: Cocito,
Ramo di Stige, e Piriflegetonte.
Appréssati alla rupe, ed una fossa,
Che un cubito si stenda in lungo e in largo,
Scava, o prode, tu stesso; e mel con vino,
Indi vin puro e limpidissim'onda
Vèrsavi, a onor de' trapassati, intorno,
E di bianche farine il tutto aspergi.
Poi degli estinti prega i frali e vôti
Capi, e prometti lor che nel tuo tetto
Entrato con la nave in porto appena,
Vacca infeconda, dell'armento fiore
Lor sagrificherai, di doni il rogo
Riempiendo; e che al sol Tiresia, e a parte,
Immolerai nerissimo arïete,
Che della greggia tua pasca il più bello.
Compiute ai mani le preghiere, uccidi
Pecora bruna, ed un montòn, che all'Orco
Volgan la fronte: ma converso tieni
Del fiume alla corrente in quella il viso.
Molte Ombre accorreranno. A' tuoi compagni
Le già sgozzate vittime e scoiate
Mettere allor sovra la fiamma, e ai numi,
Al prepotente Pluto e alla tremenda
Proserpina drizzar voti comanda.
E tu col brando sguainato siedi,
Né consentir, che anzi che parli al vate,

I mani al sangue accostinsi. Repente
Il profeta verrà, duce di genti,
Che sul vïaggio tuo, sul tuo ritorno
Pel mar pescoso alle natìe contrade
Ti darà, quanto basta, indizio e lume".
Così la diva; e d'in su l'aureo trono
L'Aurora comparì. Tunica e manto
Circe stessa vestimmi; a sé ravvolse
Bella, candida, fina ed ampia gonna;
Si strinse al fianco un'aurea fascia, e un vago
Su i ben torti capei velo s'impose.
Ma io, passando d'una in altra stanza,
Confortava i compagni, e ad uno ad uno
Con molli detti gli abbordava: "Tempo
Non è più da sfiorare i dolci sonni.
Partiamo, e tosto. Il mi consiglia Circe".
Si levâro, e obbedîro. Ahi che né quinci
Mi si concesse ricondurli tutti!
Un Elpénore v'era, il qual d'etate
Dopo gli altri venìa, poco nell'armi
Forte, né troppo della mente accorto.
Caldo del buon licore, onde irrigossi,
Si divise dagli altri, ed al palagio
Mi si corcò, per rinfrescarsi, in cima.
Udìto il suon della partenza, e il moto,
Riscossesi ad un tratto, e, per la lunga
Scala di dietro scendere obblïando.
Mosse di punta sovra il tetto, e cadde
Precipite dall'alto: il collo ai nodi
Gli s'infranse, e volò l'anima a Dite.
Ragunatisi i miei: "Forse", io lor dissi,
"Alle patrie contrade andar credete.
Ma un altro pria la venerabil diva
Ci destinò cammin, che ai foschi regni
Di Pluto e di Proserpina conduce,
Per quivi interrogar del rinomato
Teban Tiresia l'indovino spirto".
Duol mortale gli assalse a questi detti.
Piangeano, e fermi rimanean lì lì,
E la chioma stracciavansi: ma indarno
Lo strazio della chioma era, ed il pianto.
Mentre al mar tristi tendevamo, e spesse
Lagrime spargevam, Circe, che in via

Pur s'era posta, alla veloce nave
Legò la bruna pecora e il montone.
Ci oltrepassò, che non ce ne avvedemmo,
Con piè leggiero. Chi potrìa de' numi
Scorgere alcun che qua o là si mova
Quando dall'occhio uman voglion celarsi?

Odissea, libro X

*

Circe rappresenta la donna che, essendo stata tradita dall'uomo, vuole sfruttare la carica erotica di cui è consapevole come arma di rivalsa per schiavizzarlo. Ma rappresenta anche la donna che, sotto la scorza del risentimento, cela un animo generoso, disponibile a ripensare le proprie paure, capace di rimettersi in gioco.[14]

L'approdo di Ulisse sull'isola di Circe e l'incontro dei suoi compagni con la maga

Dopo essere riusciti a evitare il primitivismo dei sardi Lestrigoni, Ulisse e i suoi 46 compagni approdano all'isola Eea, presso il capo Circeo o in un promontorio del Lazio, un tempo lagunoso.[15]

---

[14] Il testo di riferimento è il libro X dell'*Odissea* di Omero.

[15] Già all'inizio del VII secolo a.C., in seguito alla navigazione dei Calcidici, l'isola Eea viene identificata col Circeo. Le affermazioni di Omero sono state avvalorate da altri storici, poeti e scrittori di scienze naturali, come Esiodo nella sua *Teogonia*, Eschilo, Teofrasto, Pseudo-Scylax, Apollonio Rodio nelle *Argonautiche*. Infine Strabone in età augustea, il quale asserisce che al Circeo i sacerdoti mostravano sia il sepolcro di Elpenore che la coppa di Ulisse e i rostri della nave. Nel libro V della *Geografia* egli scrive che "a 290 stadi da Antium c'è il monte Circeo, che sorge come un'isola sul mare e sulle paludi. Dicono che sia anche ricco di erbe... Vi è un piccolo insediamento, un santuario di Circe e un altare di Atena; viene anche mostrata una tazza che, a quanto dicono, sarebbe appartenuta ad Odisseo...".
Avvicinarsi troppo alla costa era un problema. Infatti la particolare tecnica di navigazione e la tipologia delle vele delle fragili imbarcazioni di allora, in caso di tempo cattivo, non permettevano di doppiare il Monte Circeo, tanto che molti si schiantavano sulle sue coste. Fu proprio per risolvere questo problema che i Ro-

L'isola era abitata da Circe, figlia, secondo alcuni, del Giorno e della Notte; secondo altri, del Sole e della Luna (Ecate) o della ninfa Perse, "sorella germana di Aiete pericoloso" (137), "dea tremenda con voce umana" (136). Aiete o Eeta fu padre di Medea e traditore degli Argonauti.

Secondo una leggenda Circe sarebbe stata innamorata di Glauco, senza esserne corrisposta, poiché egli amava Scilla, che Circe, per gelosia, cambiò in un mostro marino, dopo avere avvelenato la fonte presso la quale i due amanti erano abituati a trovarsi insieme.

Gran carattere, questa Circe "dai bei riccioli" (136, 220), che Omero e tutte le leggende qualificano come "maga", a motivo delle sue grandi conoscenze delle proprietà terapiche e venefiche di erbe e radici, di cui l'isola peraltro era ricca; d'altra parte chiunque così appariva in una società non più "naturalistica" ma "urbanizzata", come appunto quella omerica.

Circe viveva in luoghi remoti, non civilizzati, "tra la fitta macchia e la selva" (150), in un'economia basata sull'autoconsumo di prodotti della terra, del mare, della cacciagione (156-186), anche se i suoi "bei riccioli" fanno pensare a una donna dell'alta società, ma che in realtà nel contesto indicano soltanto una simbologia standardizzata di "bellezza femminile".

Quando i compagni di Ulisse la incontrano scoprono che sapeva anche "tessere" perfettamente (222), come Penelope, Calipso..., e che aveva una "voce bella" quando cantava (221). Altrove si dirà che aveva conoscenze anche nel campo della marineria, in quanto insegnò un nodo a Ulisse (VIII, 447-8).

Ulisse e i suoi compagni approdano casualmente nell'isola, essendosi perduti in mezzo al Tirreno, e quando una comitiva di 23 uomini, andata in perlustrazione, s'accorge delle abitazioni costrui-

---

mani costruirono un canale interno che evitava il periplo del promontorio. Potenzialmente l'antica città dei Circei doveva essere abitata ancora dai suoi costruttori che periodicamente diminuivano di numero, in quanto dovevano badare alle greggi che stagionalmente facevano transumare nei vicini monti oltre la pianura Pontina. Rimaneva a guardia della rocca un gruppo di uomini, forse comandati da una regina o sacerdotessa. Questo nucleo suppliva alla sua ridotta entità numerica con l'astuzia e l'approntamento di trappole, l'uso delle quali, da parte di un popolo comandato da una regina-sacerdotessa, rimase impresso tra i navigatori di allora, quali Fenici e Greci.

te "con pietre squadrate" (211) e "porte lucenti" (230) in cui viveva Circe[16], subito rimane colpita da un fatto molto strano: i lupi e i leoni che vi fanno la guardia erano del tutto mansueti.

Euriloco, che comandava la spedizione, s'insospettisce di questo, ma anche del fatto che, abituato a distinguere il sacro dal profano, abituato a considerare la religione come qualcosa di specifico, di oggettivamente determinabile e di sicuramente contestualizzabile in uno *spazio urbano*, le "porte lucenti", rivestite di bronzo, sembrano essere l'ingresso non di un palazzo residenziale ma di un tempio sacro, cioè di un contenitore il cui contenuto però non gli è più familiare, essendo fuori contesto.

Avendo perso la memoria di una religione i cui misteri altro non erano che conoscenze *naturalistiche*, e non riuscendo a spiegarsi il contrasto tra ferocia innata e mansuetudine acquisita da parte degli animali di guardia, decide di rifiutare l'invito ad entrare fatto loro da Circe. Successivamente verremo a sapere dallo stesso Euriloco che non erano animali feroci fatti diventare mansueti dalla maga, ma uomini trasformati in docili bestie (433). Dalla paura del confronto al pregiudizio: il passo, come si vede, è breve.

Lupi e leoni erano stati messi lì per scoraggiare i pavidi, per tenere alla larga i curiosi. Sono mansueti a causa dei "filtri maligni" di Circe (213) – scrive il misogino Omero –, ma a lei servono semplicemente come forma d'allarme: il fatto che si comportino esplicitamente come animali domestici è indicativo della presenza di un carattere non ingenuo da parte dei marinai, che avrebbero dovuto andarsene, vinti dalla paura, ma che invece, abituati alle mille difficoltà di una vita travagliata, non si lasciano intimorire più di tanto.

Il superamento di questa prova, unitamente al vociare roboante e corale con cui chiamano Circe, è motivo sufficiente per farla agire nel modo come vedremo.

"Diamole una voce" (228) non vuol dire semplicemente "chiamiamola", ma "facciamoci sentire", ed è frase detta da Polite, che qui stranamente Ulisse definisce "il più caro e fidato tra i compagni" (225), pur avendo egli affidato la missione a Euriloco, il quale non rimase fuori per paura ma perché sospettoso di trame e

---

[16] Il palazzo ha fatto pensare alle strutture delle regge micenee, ma anche ad antichi monumenti di tipo religioso (dolmen?).

inganni, proprio come Ulisse.

Polite invece qui rappresenta, in quanto "capo di forti" (224), il tipo spaccone, lo smargiasso, che non si lascia impressionare né dalle belve che in teoria avrebbero dovuto essere feroci, né dalla lucentezza di un portone che avrebbe dovuto indicare la riservatezza di un luogo sacro (forse dedicato ad Atena).

È Circe che, vedendo questo, ha già capito con chi ha a che fare, memore di amare esperienze passate: se quegli uomini vogliono entrare solo perché vedendo una donna sola in un palazzo del genere pensano di poterla circuire come vogliono, fare di lei oggetto del loro arbitrio, avranno – secondo una felice legge del contrappasso, visibile anche laddove viene usato lo strumento della "verga" – ciò che meritano.

Poiché sa cosa piace agli uomini: avere potere e godere, Circe offre loro di sedersi su "troni e seggi" (233) e di cibarsi a sazietà con "formaggio, farina d'orzo, pallido miele, vino di pramno" (234-5), cioè in sostanza una dolce torta accompagnata con vino rosso e asprigno, facendo loro credere che il "bello" deve ancora venire.

Circe sa di non potersi difendere in altro modo che con l'inganno: è troppo grande la sproporzione tra la sua cultura, le sue forze, la civiltà ch'essa rappresenta e il mondo del nemico che la circonda; l'uso stesso della verga appare come un tentativo un po' puerile di dimostrare che dietro gli effetti dell'infuso di bromuro si celava una sorta di magia.

Curioso che come conseguenza della trasformazione in porci, Omero ponga la dimenticanza della "patria" (qui del tutto fuori luogo) e non la perdita della virilità maschile, il che poi lo fa cadere in palese contraddizione quando da un lato dice che dovevano "obliare del tutto la patria" (235-6) e dall'altro che avevano "la mente ben salda" (240).

La condanna in realtà era proprio questa, ch'essi dovevano sentirsi uomini solo nella mente, mentre nel corpo erano diventati come eunuchi, anche se simbolicamente trasformati in maiali.[17]

Euriloco, rimasto fuori, non può aver visto la metamorfosi "ferina" dei suoi compagni; al massimo si sarà impensierito del fat-

---

[17] Il farmaco narcotizzante o paralizzante di Circe (225-6) è simile a quello usato da Elena (IV, 219-30) e lo si pensa proveniente dall'Egitto.

to che non erano più tornati indietro, anche se a un certo punto deve aver pensato al peggio. Qui ci sono due versetti che cozzano tra loro: il 244, ove si dice che "in fretta tornò alla nave", col che il lettore può anche pensare ch'egli avesse visto coi suoi occhi qualcosa di significativo, e il 260, in cui al contrario è scritto che "rimase a lungo a spiare" (con le porte serrate "spiare" qui vuol dire semplicemente "attendere").

Sia come sia, è qui interessante il fatto che l'intrepido Euriloco, "simile a un dio" (205), una volta ritornato alla nave, appaia come un codardo: Circe l'aveva talmente terrorizzato, senza peraltro fargli nulla, ch'egli non ha neppure la forza di riferire i fatti, e quando Ulisse gli chiede di accompagnarlo sul posto, egli declina immediatamente l'invito, temendo di fare la stessa fine.

Non si tratta solo di un *escamotage* dell'autore di far risaltare l'eroismo di Ulisse, nel confronto coi suoi compagni (sotto questo aspetto la cosa, pur avendo un contenuto drammatico, appare quasi divertente), ma si tratta anche del fatto che qui Euriloco rappresenta la coscienza moderna che teme il passato o un presente non più facilmente decifrabile e lo fugge senza ripensamenti. Egli ha paura che il passato prenda il sopravvento sul suo presente e supplica Ulisse di lasciarlo sulla nave, cioè di non riportarlo in un luogo e in un tempo le cui coordinate semantiche gli sfuggono completamente. Ulisse insomma se la deve veder da solo con Circe.

L'incontro di Ermes con Ulisse

Il "fermo" o "duro dovere" (273) che impone a Ulisse di andare – da solo – a recuperare i compagni, non è che un mix di responsabilità nei confronti dei suoi subordinati e di spirito d'avventura, la ricerca di emozioni forti, la curiosità di misurarsi con un nuovo pericolo, di mettersi alla prova.[18]

---

[18] Prima di questo episodio Ulisse è sì rammaricato quando perde qualcuno dei suoi compagni, ma certamente non esita a trascinarli con sé nel pericolo, anche quando questo è perfettamente evitabile (come nel caso dell'incontro con Polifemo), proprio allo scopo di dimostrare, come esigenza vitale irresistibile, la sua superiorità sotto ogni aspetto. Tuttavia Ulisse non ha mai avuto occasione di salvare i suoi compagni da una situazione pericolosa ormai compiuta, nella quale lui stesso non sia causa o concausa. In questo episodio non è stato lui ad aver

L'incontro con Ermes (Mercurio), protettore dei ladri e dei mercanti, servo fedele e anzi figlio di Zeus, è significativo, perché qui Ermes rappresenta il rivale n. 1 di Circe, colui che le ha già prospettato la fine sicura dei suoi poteri, l'inutilità della sua resistenza (331).

Ulisse sa avvalersi dei nemici di Circe, specie di quelli che conoscono bene il territorio in cui essa opera: una conoscenza che è *scienza delle cose evolute*, opposta alla magia, all'animismo o alla conoscenza del mondo naturale data da tradizioni secolari.[19]

Ermes non ha paura di Circe perché conosce l'antidoto alle sue erbe paralizzanti e nel contempo presume di possedere una visione religiosa superiore a quella naturalistica di lei, sebbene sia, la sua, una visione "di primo pelo, la cui giovinezza è leggiadra" (279), cioè una visione per così dire "neonata", che ha bisogno di tempo per imporsi e che comunque sa riconoscere in Ulisse un validissimo supporto.

L'eloquente Ermes, colui che conduce le anime dei morti sino alla barca di Caronte, non ha una spada ma una "verga d'oro": egli infatti è la neovisione intellettuale e individuale che, per imporsi, ha qui bisogno della volontà forte, tipica dell'eroe. Ed è proprio lui che, per primo, svela a Ulisse che i suoi compagni sono stati narcotizzati, metaforicamente trasformati in maiali.

Mentre con la vicenda di Polifemo si era in presenza di uno scontro globale di civiltà: mercantile-schiavistica da un lato, agricolo-pastorale dall'altro, qui invece lo scontro è di un solo elemen-

---

trascinato loro nei guai, ma il contrario, sicché qui viene rappresentato come l'eroe che rischia la vita per il bene dei suoi compagni.

[19] Da notare che quando Ermes scenderà dall'Olimpo per parlare con Calipso avrà prima consultato gli altri dèi e agirà per volere di Zeus; in questo episodio invece troviamo un Ermes assai poco definito e molto irreale. Non è tipico degli dèi omerici, nell'*Odissea* in particolare, apparire all'improvviso, apparentemente senza una ragione, per aiutare un personaggio o un eroe. Qui la figura di Ermes è quindi un espediente narrativo per far sì che Ulisse riesca a superare la sua "prova". Vi è comunque una certa differenza di stile tra l'Ulisse che attribuisce le proprie vittorie al favore degli dèi, anche se in definitiva se la cava con la propria astuzia, e questo Ulisse, un po' fiabesco, che sarebbe finito richiuso in un porcile se non avesse ricevuto un aiuto privilegiato dal cielo. A dir il vero tutto l'episodio di Circe sembra immerso in un'atmosfera fiabesca, che forse riprende tradizioni secolari di narrazione orale di favole con al centro maghe e incantesimi. Il che non significa che non vi sia un fondo di realtà.

to di quelle civiltà: la *religione*, impersonata da una donna, che è antica, ancestrale, primordiale, la cui cultura dev'essere superata da una nuova religione, più astratta, più ambigua, più moderna, in quanto ha come scopo la legittimazione di rapporti sociali fortemente antagonistici.

Ulisse, non essendo ateo coerente, dichiarato (come Prometeo che, guarda caso, fu incatenato proprio da Ermes), non può vincere da solo la forza di Circe; essendo un uomo formalmente religioso, cioè devoto alla religione dei potenti, anche se nella pratica è artefice di inganni, ha necessariamente bisogno di un alleato, che, quanto a scaltrezza, simbolicamente gli somiglia.

Pur essendo un giovincello, Ermes è già abbastanza smaliziato, com'è giusto che sia nelle civiltà più avanzate; pertanto non ha difficoltà, conoscendo le umane debolezze, a mettere in guardia Ulisse dalle provocazioni erotiche di Circe, che si difenderà invitandolo a giacere con lei (296). Potrà sì accettare il suo letto (297), ma a certe condizioni, quelle per cui riuscirà ad ottenere i compagni sani e salvi.

Tuttavia questo, di coricarsi con lei, era stato il desiderio anche dei suoi compagni: dunque perché lui sì e loro no? Per il semplice motivo che qui il "saggio" Omero insegna che per superare meglio il passato, bisogna fingere di rispettarlo: violente lacerazioni possono rafforzare i nemici.

I compagni d'Ulisse s'erano comportati in maniera precipitosa, irruente; lui invece, che è l'astuzia per antonomasia, non avrà bisogno che del proprio *self-control*, non gli servirà neppure di sguainare la spada, gli basterà minacciare di farlo: gli argomenti per vincere saranno altri.

Da notare che esistono interessanti sfumature tra ciò che gli chiede di fare Ermes e quanto Ulisse effettivamente farà. Ermes dice testualmente: "lei impaurita t'inviterà a coricarti; tu non rifiutare, né allora né dopo, il letto della dea, perché i compagni ti liberi e aiuti anche te. Ma imponile di giurare il gran giuramento dei beati, che non ti ordirà nessun altro malanno: che appena nudo non ti faccia vile e impotente" (296-301).

Ora, posto che per un tipo come Ulisse la fedeltà coniugale doveva essere un valore alquanto relativo, indubbiamente gli sarà apparsa con un certo favore la prospettiva di poter ottenere da Circe quanto desiderato semplicemente andandoci a letto. Tuttavia, ciò che più stupisce, ma sino a un certo punto, è che qui Ermes fa passare Circe per una ninfomane o, se si preferisce, per una prostituta di lusso (e c'è chi l'ha scambiata per la tenutaria di un bordello da marinai), anticipando per così dire il fatto ch'essa deciderà di liberare i compagni solo dopo aver soddisfatto la propria libido. E siccome Ermes presume di conoscere le debolezze dell'uomo "civilizzato" e di Ulisse in particolare, lo invita a chiedere a Circe il solenne giuramento. Vedremo però che Ulisse si comporterà diversamente.

Il farmaco-antidoto che Ermes suggerisce a Ulisse di mangiare non era che una pianta officinale del Circeo, già conosciuta dagli antichi romani: il suo nome, "moly", indica semplicemente un'erba dalla radice nera e dal fiore color latte. Era chiamata così dagli dèi (305), perché qui deve apparire chiaro che se Circe possiede la conoscenza dei poteri della natura, non può però competere con la nuova civiltà che avanza, basata sulle scienze e le arti e soprattutto sull'astuzia e l'inganno. Ulisse sa più cose di quanto lei possa immaginare e può persino ucciderla. Anche Circe è dea, ma limitata nei suoi poteri, perché non "urbanizzata", non "civilizzata": "gli dèi invece possono tutto" (306).

L'incontro di Ulisse con Circe

Circe, al vedere Ulisse superare l'inganno grazie all'aiuto di Ermes, chiede di congiungersi con lui perché spera di poterlo "raggirare" con l'ultima *chance* che le è rimasta: "saliamo sul letto, perché congiunti nel letto e in amore ci si possa l'un l'altro fidare" (334-5).

Ma Ulisse non cede al ricatto sessuale, poiché egli sa dominare i sensi con l'astuzia dell'uomo che prima di tutto deve salvaguardare l'*interesse*: "Come puoi chiedermi d'essere mite con te, che nella casa m'hai fatto maiali i compagni, e qui tenendomi adeschi anche me, insidiosa, a venire nel talamo sopra il tuo letto, perché, appena nudo, mi faccia vile e impotente? Sul tuo letto io non voglio salire, se non acconsenti a giurarmi, o dea, il gran giuramento che non mediti un'altra azione cattiva a mio danno" (337-44).

Nella seconda sequenza abbiamo creduto di ravvisare una

sottile differenza tra quanto richiesto da Ermes e quanto invece messo in pratica da Ulisse. Alla richiesta di Ermes di cedere, previo giuramento, al ricatto sessuale per la liberazione dei compagni, Ulisse darà un'interpretazione leggermente diversa: "Lei giurò subito come volevo... allora io salii sul bellissimo letto di Circe" (345-7).

In pratica Ulisse accetta l'invito di giacere con Circe prima ancora che i compagni siano stati liberati, semplicemente con la promessa, sotto giuramento, che lei non avrebbe tramato altri inganni a suo danno. Nel consiglio di Ermes vi era invece la liberazione dei compagni, anzitutto, come motivazione dell'amplesso.

Qui, a proposito del giuramento, delle due l'una: o Ulisse impone a Circe un giuramento che non appartiene alla cultura di lei, sacerdotessa sicuramente più "laica" del "servo fedele" Ermes, per farle capire che se l'avesse trasgredito la vendetta sarebbe stata terribile; oppure le chiede un giuramento antico, che per Circe aveva un valore assai maggiore di quelli che si facevano ai tempi di Ulisse.

Il giuramento in questione veniva comunque pronunciato chiamando a testimone il Cielo, la Terra e lo Stige, cioè valori in cui, a parte l'ultimo, anche Circe avrebbe potuto credere. In effetti lo Stige, il fiume infernale, nel nome del quale gli dèi pronunciavano i loro giuramenti, sembra essere una categoria appartenente più alla cultura di Ermes, con cui questi chiede a Ulisse di sottomettere Circe.

Uno spergiuro faceva decadere gli dèi, per un periodo di cento anni, dal dono privilegiato della divinità. Sulle rive di questo fiume, Caronte prendeva in consegna dalle mani di Mercurio le ombre ch'egli, poi, dallo Stige sospingeva, sulla sua barca, nell'altro fiume infernale, l'Acheronte. Si può quindi supporre che in quel giuramento vi fosse in realtà un'ammissione di sconfitta culturale di Circe non solo nei confronti di Ulisse ma anche nei confronti di Ermes, suo principale rivale.

Comunque nella letteratura antica troviamo molti esempi che ci testimoniano l'importanza della pratica del giuramento. Il fatto stesso che garanti del giuramento fossero gli dèi, la dice lunga sulla difficoltà che una cultura naturalistica e agro-pastorale come quella rappresentata da Circe potesse sopravvivere nel confronto, anche violento, con la nuova cultura emergente di Ermes e, qui, del suo emissario, Ulisse, entrambi esponenti di una cultura urbana, mercantile, individualistica..., che, per vincere, ha tutti i mezzi e i modi per rappresentare il nemico come meglio le conviene.

Non dimentichiamo che anche Ermes faceva addormentare o risvegliare gli uomini con la sua verga e che conduceva le anime nell'Ade, cioè in un inferno non meno avvilente del porcile della maga. La religione di Circe è indubbiamente più primitiva: la sua magia è legata ai segreti della natura e non a una rappresentazione intellettuale dell'oltretomba, con cui i sacerdoti del mondo ellenico potevano spaventare gli sprovveduti o illudersi di tenere a freno i potenti.

Ma la cosa più interessante di questa sequenza è che Ermes ha avuto bisogno di Ulisse per imporsi su Circe, non avendo le sue qualità fondamentali, a testimonianza che nell'area geografica in cui è ambientata la vicenda, i valori culturali non erano stati ancora così profondamente alterati dai rapporti schiavistici e mercantili tipici della società ellenica.

Ulisse infatti è il "multiforme", il "versatile" (330), l'uomo rotto a ogni esperienza, disposto a tutto pur di primeggiare, ma capace di farlo con astuzia, lungimiranza... A lui non basterà neppure fidarsi della parola data, come vedremo nella sequenza successiva.

Il bagno di Ulisse

Circe dispone di quattro ancelle che qui, invece di apparire come "schiave", vengono definite come "ninfe", in quanto nate da "boschi, fonti, fiumi". Le loro funzioni sono tipiche della servitù domestica. Non sono a disposizione come frutto di un bottino di guerra, e Omero, per il quale una qualunque forma di servizio domestico è necessariamente legata all'istituto della schiavitù, preferisce rendere misteriosa la provenienza di queste ancelle, piuttosto che ammettere una società diversa da quella in cui lui era vissuto.

A parte questo, ciò che qui non si riesce a comprendere è se il rito del bagno purificatore e il pranzo precedano l'atto sessuale o lo seguano, considerato che al v. 347 Ulisse ricorda d'essere salito "sul bellissimo letto di Circe" appena questa fece la solenne promessa di non macchinare contro di lui.

La domanda è legittima, perché nel primo caso Ulisse apparirebbe più vicino all'uomo comune, con le sue debolezze, mentre nel secondo caso, visto che il bagno prosegue col rifiuto del pranzo, Ulisse apparirebbe come un uomo integerrimo, preoccupato anzitutto del dovere di liberare i compagni dalla schiavitù.

Ha dei risvolti quasi comico-erotici tale questione, in quanto, ad un certo punto viene detto che il bagno ristoratore tolse all'eroe "la snervante fatica" (363), che pare sia quella di un amplesso con una donna da troppo tempo digiuna.

L'erotismo sta nel fatto che non sembrano essere le quattro ancelle a lavare Ulisse, ma la stessa Circe, almeno stando a quanto si deduce dal v. 361: "mi fece sedere nella vasca e me la [l'acqua] versò dal gran tripode... m'ebbe lavato e unto con olio copiosamente, mi gettò un bel manto e una tunica indosso, mi guidò e fece sedere su un trono..." (361-6).

È solo a questo punto che Ulisse di nuovo parla esplicitamente di un'ancella (368) che "gli versa dell'acqua da una brocca... perché mi lavassi" – come se un uomo appena uscito dalla vasca avesse bisogno di lavarsi le mani per sedersi a tavola...

Questo rimescolio ambiguo di atti e funzioni, su cui si insiste compiaciuti, con particolari *osé*, è strumentale all'ideazione di un'atmosfera magica, per la quale l'ascoltatore o il lettore di questi versi doveva sicuramente provare piacere. Un costrutto ammiccante del genere sarebbe stato impensabile in un testo cristianamente ispirato.

Forse si può presumere che i versetti relativi all'ancella che gli versa l'acqua invitandolo a lavarsi siano stati aggiunti proprio per attenuare il livello piccante di una descrizione in cui la protagonista è la stessa Circe. Questi versi infatti sono contraddittori a quello (364) in cui viene detto che l'eroe fu "lavato e unto con olio copiosamente", avverbio, quest'ultimo, che lascia immaginare più di quanto dica.

La liberazione dei compagni di Ulisse

È difficile dire se la richiesta di liberare i compagni dalla schiavitù sia precedente o successiva al rapporto sessuale di Ulisse con Circe. Qui i tempi, ovvero la sequenza delle azioni, potrebbero anche avere un certo peso nel determinare la psicologia dell'eroe, la sua scala di valori.

Non sarebbe infatti stata la stessa cosa vederlo chiedere quella liberazione dopo un certo tempo passato tra le braccia della maga, e vederlo invece porre come condizione dell'amplesso proprio quella liberazione.

È intanto possibile anticipare che Ulisse e i suoi compagni rimasero con Circe più di un anno e, secondo una leggenda, egli ebbe da lei un figlio, chiamato Telegono. Costui, successivamente, sarebbe stato mandato da Circe alla ricerca del padre, che, dopo l'approdo a Itaca, non s'era fatto più vedere nell'isola di Eea (a parte il breve soggiorno di XII,1-141); e, senza saperlo, Telegono sarebbe sbarcato proprio a Itaca, dove avrebbe saccheggiato l'isola insieme ai suoi compagni, imitando, in questo, le gesta di chi l'aveva generato. Assalito ad un certo punto da Ulisse e da Telemaco, egli avrebbe ucciso lo stesso Ulisse, dopodiché, per ordine di Atena, avrebbe sposato Penelope, da cui avrebbe avuto Itaco, fondatore di Tuscolo e di Preneste (ma altre leggende sostengono che non ci fu alcun matrimonio e che il fondatore di Tuscolo fu lo stesso Telegono).

Una versione, questa, che viene per così dire incontro alla tesi di un ennesimo risentimento, peraltro giustificato, che Circe provò nel momento in cui, dopo essersi concessa nonostante le numerose delusioni, dovette nuovamente subire l'amarezza dell'abbandono.

Amarezza tanto più grande quanto più si considera che le parole che lei dice a Odisseo (378-381), con "soave voce" o "alate parole", standogli a fianco, sono indubbiamente qualcosa di molto poetico, che lascia presumere un'intesa forte di coppia, come se le due rispettive intelligenze e sensibilità non avessero avuto bisogno di molto tempo prima d'intendersi. Circe parla come se Ulisse fosse già divenuto il padrone di casa, il compagno fedele, l'amico fidato, l'amante da lei sempre desiderato.

In realtà Ulisse è troppo pieno di sé per potersi fermare in un medesimo luogo e amare chi gli sta vicino. La richiesta di ritrovare la patria nasce in realtà dall'insoddisfazione di una vita non abbastanza movimentata. Non a caso quando tornerà a Itaca, il suo volto, il suo stesso corpo saranno talmente sfigurati che stenteranno a riconoscerlo. Sarà il ritorno di un uomo senza pace, sconfitto dalla sua stessa ansia di vivere, dalle sue insondabili contraddizioni. Ulisse non può amare nessuno, proprio perché ama solo se stesso, che è un sé vuoto di vero contenuto umano.

La richiesta di liberare i compagni s'interseca, qui come altrove, con la sua insoddisfazione per la vita in generale, con la sua incapacità a vivere relazioni stabili, normali. Egli sembra già essere stanco di Circe, al punto che non vede l'ora di andarsene. Il fatto è però che le esigenze narrative dell'episodio impongono coerenza con la trama apologetica di questo eroe (di carta).

Quando Circe ritrasforma i porci in esseri umani vien detto, stranamente, che gli animali erano di "nove anni" (390), cioè piuttosto anzianotti, e che i marinai tornarono "più giovani di come erano prima, e molto più belli e più grandi a vedersi" (395-6). Evidentemente avevano riacquistato la virilità perduta.

È comunque da escludere che dal primo amplesso con Circe alla richiesta di liberare i compagni sia passato molto tempo, poiché l'altra metà della ciurma li attendeva al largo. E quando li vedranno ritornare saranno tutti così contenti – scrive Omero – come se fossero già tornati a Itaca (415 ss.). Il che fa appunto pensare che un certo tempo dovette essere trascorso.

Non solo, ma è evidente che se Ulisse ha preteso la liberazione dei compagni come condizione per restare sull'isola per non più di un certo tempo, il suo scopo era quello di far innamorare Circe di lui, o comunque quello di far credere che lui lo era di lei, e anche questo, naturalmente, per essere dimostrato, avrebbe richiesto del tempo.

Interessante è notare che Circe per la prima volta qualifica con l'appellativo di "astutissimo" (401) il laerziade solo dopo che questi le aveva chiesto di liberare i compagni, i quali, in seguito, gli moriranno tutti, a testimonianza che Ulisse non nutriva nei loro confronti una stima superiore o anche solo uguale a quella che nutriva nei confronti di se stesso. I suoi compagni d'avventura sono tutte comparse mediocri, scarsamente caratterizzate sul piano psicologico e, nel complesso, hanno una funzione strumentale all'esaltazione delle sue virtù individuali.

In questo libro X l'unico vero compagno di Ulisse è Circe, nei cui confronti egli si deve sforzare di trovare delle giustificazioni almeno formalmente etiche, per potersi "liberare" di lei e riaffermare così il proprio egocentrismo.

Circe, che qui rappresenta il rifiuto di una civiltà più "moderna" della sua, vive in una sorta di "riserva naturale", lontana dal mondo cosiddetto "civilizzato", arroccata in una specie di fortilizio, in cui cerca di portare avanti un'ultima disperata difesa.

Tutto sommato Omero è piuttosto indulgente nei confronti di questa "amica-nemica" del protagonista, che presenta molti lati affascinanti, capaci di giustificare l'atteggiamento remissivo di Ulisse, e che, se fosse stata di sesso maschile, probabilmente avrebbe ricevuto un trattamento meno riguardoso.

In effetti Circe non è una figura come le altre, è un personaggio centrale del poema (più di 700 versi le vengono dedicati), in quanto rappresenta la possibilità di una sintesi, di una mediazione, nello scontro tra le due civiltà rivali. Sarà proprio lei che spiegherà a Ulisse come comportarsi nell'Ade, per interrogare Tiresia, come agire con le Sirene, come difendersi da Scilla e Cariddi, come comportarsi nell'isola di Trinacria dove pascolano le mandrie eterne del Sole, che lei conosce bene, essendo figlia stessa del Sole (divinità di molte religioni pre-schiavistiche).

Circe toglie a Ulisse gli atteggiamenti violenti, vendicativi, maschilisti e Ulisse fa uscire Circe dall'emarginazione in cui è costretta a vivere, conciliandola con la nuova realtà ch'egli stesso, insieme ad Ermes, rappresenta.

Tuttavia, e su questo Omero difficilmente avrebbe potuto transigere, Circe non ha la forza per trattenere Ulisse, perché Ulisse non può essere trattenuto da nessuno, essendo egli l'archetipo di una civiltà senza pace, che insegue la pace solo come appagamento della sete di dominio, di conoscenza, di avventure, in cui poter misurare le proprie risorse, fisiche intellettuali morali.

Ulisse è colui che sospetta la presenza di "inganni" (380): Circe lo conosce di fama e ora ha la conferma di quanto egli sia incredibilmente "astuto" (401). Lo è talmente tanto ch'egli non si fida neppure del giuramento che da lei ha preteso, la quale, proprio per questo, non può che rimproverarlo; al che Ulisse ribatte dicendo d'essere sì convinto che lei non voglia più raggirarlo, ma al tempo stesso di non essere del tutto persuaso che il giuramento abbia un effetto positivo sui compagni che languiscono nel porcile.

Cioè in sostanza Ulisse non riesce a dare per scontata l'efficacia estensiva del patto con la maga e vuole per così dire mettere nero su bianco.

Volendo restare fedele al suo *cliché* di uomo accorto sino all'inverosimile, Ulisse deve continuare a sospettare, perché il "sospetto" e non tanto la generica astuzia è il *leit-motiv* del poema. È proprio questa caratteristica psicologica dominante che rende Ulisse un personaggio modernissimo.

Essendo abituato a vedere il prossimo come un potenziale nemico, Ulisse era diventato un maestro nel tendere tranelli, nel tramare complotti e terribili vendette. Il suo atteggiamento ha fatto ricche le classi mercantili e le strategie politico-militari di ogni epoca e latitudine.

Anche Circe è una donna sospettosa, ma perché vorrebbe rimanere quel che è, strettamente legata al proprio passato. A differenza di Ulisse, che è sempre in "posizione di attacco" e tutto quello che tocca subisce spesso radicali trasformazioni, Circe si pone invece sulla "difensiva", anche se qui gli eventi la portano a un ripensamento notevole della propria concezione di vita.

La liberazione dei compagni di Ulisse dalla schiavitù (dei sensi) comporta infatti una grande metamorfosi, che non riguarda soltanto il loro aspetto fisico, di nuovo umano e ringiovanito, ma anche la coscienza morale della maga, poiché, se nei compagni il pianto liberatore ha la funzione di esprimere chiaramente gioia per il "corpo" ritrovato, in lei invece ha come una funzione catartica, di liberazione dal pregiudizio anti-maschile, di riconciliazione morale col sesso opposto, che va oltre l'attrazione fisica, che pur essa provava per Ulisse, intenzionata com'era a volerlo sposare (IX, 31-32). Tant'è che, appena liberati i marinai, propone a Ulisse di andare a prendere gli altri e di restare tutti ospiti della sua reggia.

È evidente ch'essa può aver pensato alla porcilaia come arma di ricatto contro eventuali ripensamenti da parte di Ulisse a suo danno. Ed è altresì evidente il suo timore di perderlo, ora che ha voluto soddisfare quello che per lui era il desiderio principale. Ma Circe è una "gran signora" (394), sia nei poteri della conoscenza che nella profondità d'animo, qui testimoniata dalla commozione interiore. È capace di rischiare una soluzione a lei sconveniente, proprio perché in fondo sa come rispettare la libertà umana.

Il diverbio tra Euriloco e Ulisse

Dopo la liberazione dei compagni, Ulisse avrebbe anche potuto rifiutare l'ospitalità e la sostanza del racconto sarebbe rimasta inalterata. Egli non aveva un debito di riconoscenza nei confronti di Circe, benché qui l'accettazione dell'ospitalità, e per così tanti mesi, lasci supporre ch'egli provasse nei suoi confronti una certa attrazione.

Circe era riuscita a "persuadere il cuore superbo" (406) di Ulisse, a raddolcire, coi suoi modi gentili, il suo "animo altero", fiero d'aver ottenuto tutto quanto s'era promesso. Una qualche trasformazione morale era avvenuta anche in lui. Ed Euriloco, che qui rappresenta la coscienza intransigente, schematica, lo mette sull'avviso, ma inutilmente: Ulisse aveva già deciso di restare ospite di Circe.

Il diverbio tra Euriloco e Ulisse è particolarmente significativo, poiché forse per la prima volta qualcuno dell'equipaggio ha il coraggio di dire quello che pensa dell'"impavido Ulisse" (436), il temerario irresponsabile che aveva portato a morte alcuni compagni nell'antro di Polifemo. Praticamente Euriloco, qui suo rivale, stava minacciando un ammutinamento.

Tuttavia Omero – ovviamente per non smentire la tesi che il suo eroe è intoccabile, in quanto al di sopra di ogni critica – dirà che sarà proprio Euriloco a dare ai suoi compagni il consiglio più funesto di tutta la spedizione: quello di uccidere le vacche sacre (XII, 340 ss.), vero e proprio reato di *ateismo*, in quanto aperta violazione delle tradizioni religiose più consolidate. Un consiglio che porterà tutti inesorabilmente a morire.

Qui intanto il permaloso Ulisse, che non tollera osservazioni sul proprio operato (specie se fatte in pubblico), sarebbe pronto a far fuori il suo stretto parente se le "dolci parole" (442) dei compagni non lo facessero desistere e accettare l'idea che Euriloco resti a guardia della nave. Ma Euriloco, che ben conosceva lo spirito vendicativo di Ulisse, la sua "terribile furia" (448), alla fine cede e prende a seguirli.

La richiesta di andarsene

Le parole di Circe, alla vista del secondo pianto dei compagni di Ulisse, testimonia una grande saggezza e sobrietà: standogli vicino, chiede al suo amato che la smettano di lasciarsi così tanto condizionare dagli affanni patiti e dalle offese subite, e anzi provvedano a rifocillarsi, a rinfrancarsi con cibo e vino, per guardare avanti e tornare a vivere una nuova vita. È così persuasiva che Ulisse non può fare a meno di considerarla come una "dea risplendente" (455), molto "chiara" nel suo parlare.[20]

Circe mostra d'aver capito molto bene l'origine del dolore di quei guerrieri-marinai: "non avete mai l'animo in pace, perché molto avete sofferto", a causa dell'"aspro mare" (464-5) e degli "uomini ostili" (459). Tuttavia, se tale interpretazione del dolore si addiceva bene alla psicologia di quei navigatori, sinceramente desiderosi di tornare a casa, risultava ancora insufficiente per un personaggio complesso, contraddittorio, psichicamente instabile come Ulisse.

Qui è evidente che Circe, pur essendo consapevole che la loro origine è nel Mediterraneo orientale, propone loro di restare per sempre con lei, ricostruendosi una nuova vita. Ora spera che non si ricordino più del loro passato, non come prima, usando droghe soporifere, ma in virtù di una vita sicura, serena, lontana dai pericoli della cosiddetta "moderna civiltà". Circe propone loro di vivere un'esistenza più "naturale" e meno "artificiosa".

I marinai e soprattutto Ulisse si lasciano sulle prime convincere: gli uni perché stanchi di peregrinare a vuoto, l'altro perché vuole misurarsi anche in questa esperienza, verificando sino a che punto sarebbe in grado di resistere lontano dall'antagonismo, dai contrasti tipici delle società divise in ceti sociali. È singolare che, in questo frangente, ad un certo punto, non sia Ulisse a chiedere ai compagni di riprendere il cammino, ma il contrario. Si ha come l'impressione ch'egli si fosse trovato così bene con Circe che forse sarebbe stato anche disposto a dimenticare patria e famiglia.

Ma è solo un'impressione, forse condizionata dal fatto che l'autore di questo mito ricordava nostalgicamente un passato che per lui era andato per sempre perduto. Infatti quando Ulisse chiede

---

[20] Virgilio provvederà a costruire sulla falsariga di questa donna il personaggio di Didone.

a Circe di lasciarli andare, fa riferimento a una promessa di lei (483), il cui significato però non si evince dal contesto del racconto, per cui si deve presumere ch'essa fosse stata fatta privatamente. La stessa richiesta di partire dall'isola, per fare ritorno in patria, viene fatta privatamente dal solo Ulisse, mentre tutti i suoi compagni dormono profondamente (479). Ulisse insomma prese una decisione di comune accordo con tutti i compagni, ma per non ferire la sensibilità di Circe, la comunicò a quest'ultima come se fosse stata un'iniziativa di lei, come se lei volesse far loro un ultimo piacere.

Evidentemente Ulisse si sentiva in colpa, ma voleva far capire a Circe che la decisione era stata presa solo da lui, forse per evitare ogni possibile ritorsione a danno dei compagni. Egli sapeva bene d'essere amato da Circe e che questa, per amore, non gli avrebbe negato nulla. La comitiva era d'altra parte consapevole d'avere un debito di riconoscenza nei confronti della maga, in quanto li aveva ospitati per più di un anno, e, per tale ragione, nessuno si sarebbe arrischiato di tradire le sue aspettative.

La chiusa di questo libro è evidentemente posticcia, in quanto serve per giustificare il comportamento strumentale di Ulisse, che si era servito dell'ospitalità della donna per rimettersi in sesto e riprendere con maggior vigore il viaggio di ritorno. Una leggenda posteriore allo stesso Omero vuole che Circe lasci andare Ulisse perché quest'ultimo aveva un compito molto importante: quello di entrare nel regno dei morti per sapere, dall'indovino Tiresia e dalla madre Anticlea, il futuro che l'attendeva. Col che egli sembra qui anticipare, vagamente, i racconti, non meno mitologici, delle apparizioni del Gesù post-pasquale, nonché la sua discesa agli inferi.

In realtà il contorto Ulisse qui sembra voglia arrampicarsi sugli specchi, attribuendo ai suoi compagni un'esigenza che invece era tutta sua. Il fatto che ne voglia parlare a Circe *privatim* testimonia proprio della sua paura di non reggere apertamente il confronto con loro. E Circe, che non è certo stupida, anche questa volta è costretta a rivolgersi a lui con l'epiteto che meglio lo qualifica: "astutissimo" (488), e lo rassicura di nuovo con "chiaro" linguaggio che non se la sarebbe presa qualunque cosa egli avesse deciso: "non restare più in casa mia contro voglia" (489).

Si rivolge a lui direttamente, senza usare il plurale maiestatis, perché sa bene che il "problema" è più del suo amato che non dei suoi compagni. E non è un problema relativo alla patria o alla famiglia, ma alla sua stessa instabile identità, che trova pace solo nel conflitto, soddisfazione solo nel pericolo.

A questo punto Omero ha buon gioco nell'attribuire alla stessa Circe l'idea della partenza, come se lei già si aspettasse una richiesta del genere, e sulla base di una motivazione molto impegnativa (il viaggio nell'Ade), toglie Ulisse dall'imbarazzo di dover giustificare il proprio egocentrismo. È Circe che indica a Ulisse la meta da seguire, come nessun altro personaggio del poema sarà mai capace di fare. Fondamentali sono i versi 496-98: "a me si spezzò il caro cuore: piangevo seduto sul letto e il mio cuore non voleva più vivere e vedere la luce del sole". Ulisse si trova in questa lacerazione interiore perché da un lato non ha motivazioni plausibili per lasciare Circe (e Telegono), dall'altro non può tergiversare col proprio egoismo da eroe insoddisfatto, insaziabile d'avventure, che gli impone appunto d'andarsene.

Qui la psicologia è fine, perché Ulisse non è affatto intimorito dalla prova che l'attende, ma semplicemente imbarazzato dalle pulsioni del proprio individualismo, che devono tener conto in qualche misura del bene ricevuto. Tant'è che ad un certo punto pone una domanda che chiarisce bene il suo vero stato d'animo: "chi lo guiderà questo viaggio?... non arrivò mai nessuno da Ade" (501-2). Cioè Ulisse non si preoccupa più di tanto dei sentimenti di Circe, di ciò ch'essa provava per lui, ma piuttosto di sapere come organizzarsi per intraprendere una nuova avventura, in cui forse avrà il privilegio d'essere il primo in assoluto.

La sua sensibilità, la sua psicologia è quella di uno schiacciasassi: i movimenti sono lenti, studiati, calcolati nei particolari, ma inesorabili. Sotto il suo peso, tutti i sassi sono uguali e vengono ugualmente sbriciolati. E quanto sia astuto è ben visibile anche laddove, con fare molto diplomatico, racconta l'atteggiamento ch'ebbe nei confronti dei suoi compagni: "li incitai con dolci parole stando accanto a ciascuno: – Non cogliete più il dolce sonno, dormendo, ma andiamo: me l'ha consigliato Circe possente" (546-9). Il che contraddice visibilmente quanto già affermato prima da Omero, secondo cui furono i suoi compagni a redarguirlo del fatto che presso Circe stava godendosi la vita dimenticando il dovere di tornare in patria (472-4).

Ora invece si ha l'impressione che Ulisse debba convincerli di nascosto, uno per uno, e che riesca a ottenere il loro consenso dopo non poche difficoltà. Tant'è che mentre questi vengono presentati come disposti a tornare a casa, Ulisse invece brama una nuova avventura: incontrare Tiresia nell'Ade.

Sarebbe forse un'ipotesi inverosimile sostenere che intorno all'improvvisa morte di Elpenore, che, stando alla versione ufficiale, sarebbe caduto dal tetto perché, ubriaco, vi era andato a riposare, vi è la mano di Ulisse? Il dissidio tra lui e i compagni non poteva forse aver raggiunto livelli insostenibili, specie in considerazione del fatto che ogniqualvolta Ulisse voleva intraprendere una nuova missione, il rischio per i suoi compagni era sempre quello di morire? Il testo dice, ad un certo punto, che i compagni cominciarono a "piangere" e a "strapparsi i capelli" (567-8), proprio come prima Ulisse, solo che Omero, essendo il suo eroe uno che vuol farsi rispettare, non può che affermare perentorio: "nessun vantaggio però gli veniva piangendo" (568). È l'epilogo di una certa, grave doppiezza.

Intanto, mentre se ne vanno piangendo verso la nave dalla chiglia nera, Circe, di nascosto, vuol lasciar loro un ricordino: "un montone e una pecora nera" (572), perché non si dimentichino di lei. La chiusa omerica è altamente poetica: "un dio che non voglia, chi potrebbe vederlo con gli occhi mentre va qui o là?" (573-4). Quei due animali non erano che un simbolo della relazione tra i due protagonisti: l'uso religioso, che Ulisse avrebbe dovuto farne, è un altro discorso (527).

L'Ulisse di Dante

Godi, Fiorenza, poi che se' sì grande,
  che per mare e per terra batti l'ali,
  e per lo 'nferno tuo nome si spande!
  Tra li ladron trovai cinque cotali
  tuoi cittadini onde mi ven vergogna,
  e tu in grande orranza non ne sali.
  Ma se presso al mattin del ver si sogna,
  tu sentirai di qua da picciol tempo
  di quel che Prato, non ch'altri, t'agogna.
  E se già fosse, non saria per tempo.
  Così foss'ei, da che pur esser dee!
  ché più mi graverà, com'più m'attempo.
  Noi ci partimmo, e su per le scalee
  che n'avea fatto iborni a scender pria,
  rimontò 'l duca mio e trasse mee;
  e proseguendo la solinga via,
  tra le schegge e tra ' rocchi de lo scoglio
  lo piè sanza la man non si spedia.
  Allor mi dolsi, e ora mi ridoglio
  quando drizzo la mente a ciò ch'io vidi,
  e più lo 'ngegno affreno ch'i' non soglio,
  perché non corra che virtù nol guidi;
  sì che, se stella bona o miglior cosa
  m'ha dato 'l ben, ch'io stessi nol m'invidi.
  Quante 'l villan ch'al poggio si riposa,
  nel tempo che colui che 'l mondo schiara
  la faccia sua a noi tien meno ascosa,
  come la mosca cede alla zanzara,
  vede lucciole giù per la vallea,
  forse colà dov'e' vendemmia e ara:
  di tante fiamme tutta risplendea
  l'ottava bolgia, sì com'io m'accorsi
  tosto che fui là 've 'l fondo parea.
  E qual colui che si vengiò con li orsi
  vide 'l carro d'Elia al dipartire,
  quando i cavalli al cielo erti levorsi,
  che nol potea sì con li occhi seguire,
  ch'el vedesse altro che la fiamma sola,
  sì come nuvoletta, in sù salire:

tal si move ciascuna per la gola
del fosso, ché nessuna mostra 'l furto,
e ogne fiamma un peccatore invola.
Io stava sovra 'l ponte a veder surto,
sì che s'io non avessi un ronchion preso,
caduto sarei giù sanz'esser urto.
E 'l duca che mi vide tanto atteso,
disse: "Dentro dai fuochi son li spirti;
catun si fascia di quel ch'elli è inceso".
"Maestro mio", rispuos'io, "per udirti
son io più certo; ma già m'era avviso
che così fosse, e già voleva dirti:
chi è 'n quel foco che vien sì diviso
di sopra, che par surger de la pira
dov'Eteòcle col fratel fu miso?".
Rispuose a me: "Là dentro si martira
Ulisse e Diomede, e così insieme
a la vendetta vanno come a l'ira;
e dentro da la lor fiamma si geme
l'agguato del caval che fé la porta
onde uscì de' Romani il gentil seme.
Piangevisi entro l'arte per che, morta,
Deidamìa ancor si duol d'Achille,
e del Palladio pena vi si porta".
"S'ei posson dentro da quelle faville
parlar", diss'io, "maestro, assai ten priego
e ripriego, che 'l priego vaglia mille,
che non mi facci de l'attender niego
fin che la fiamma cornuta qua vegna;
vedi che del disio ver' lei mi piego!".
Ed elli a me: "La tua preghiera è degna
di molta loda, e io però l'accetto;
ma fa che la tua lingua si sostegna.
Lascia parlare a me, ch'i' ho concetto
ciò che tu vuoi; ch'ei sarebbero schivi,
perch'e' fuor greci, forse del tuo detto".
Poi che la fiamma fu venuta quivi
dove parve al mio duca tempo e loco,
in questa forma lui parlare audivi:
"O voi che siete due dentro ad un foco,
s'io meritai di voi mentre ch'io vissi,
s'io meritai di voi assai o poco
quando nel mondo li alti versi scrissi,

non vi movete; ma l'un di voi dica
dove, per lui, perduto a morir gissi".
Lo maggior corno de la fiamma antica
cominciò a crollarsi mormorando
pur come quella cui vento affatica;
indi la cima qua e là menando,
come fosse la lingua che parlasse,
gittò voce di fuori, e disse: "Quando
mi diparti' da Circe, che sottrasse
me più d'un anno là presso a Gaeta,
prima che sì Enea la nomasse,
né dolcezza di figlio, né la pièta
del vecchio padre, né 'l debito amore
lo qual dovea Penelopé far lieta,
vincer potero dentro a me l'ardore
ch'i' ebbi a divenir del mondo esperto,
e de li vizi umani e del valore;
ma misi me per l'alto mare aperto
sol con un legno e con quella compagna
picciola da la qual non fui diserto.
L'un lito e l'altro vidi infin la Spagna,
fin nel Morrocco, e l'isola d'i Sardi,
e l'altre che quel mare intorno bagna.
Io e ' compagni eravam vecchi e tardi
quando venimmo a quella foce stretta
dov'Ercule segnò li suoi riguardi,
acciò che l'uom più oltre non si metta:
da la man destra mi lasciai Sibilia,
da l'altra già m'avea lasciata Setta.
"O frati", dissi "che per cento milia
perigli siete giunti a l'occidente,
a questa tanto picciola vigilia
d'i nostri sensi ch'è del rimanente,
non vogliate negar l'esperienza,
di retro al sol, del mondo sanza gente.
Considerate la vostra semenza:
fatti non foste a viver come bruti,
ma per seguir virtute e canoscenza".
Li miei compagni fec'io sì aguti,
con questa orazion picciola, al cammino,
che a pena poscia li avrei ritenuti;
e volta nostra poppa nel mattino,
de' remi facemmo ali al folle volo,

sempre acquistando dal lato mancino.
Tutte le stelle già de l'altro polo
vedea la notte e 'l nostro tanto basso,
che non surgea fuor del marin suolo.
Cinque volte racceso e tante casso
lo lume era di sotto da la luna,
poi che 'ntrati eravam ne l'alto passo,
quando n'apparve una montagna, bruna
per la distanza, e parvemi alta tanto
quanto veduta non avea alcuna.
Noi ci allegrammo, e tosto tornò in pianto,
ché de la nova terra un turbo nacque,
e percosse del legno il primo canto.
Tre volte il fé girar con tutte l'acque;
a la quarta levar la poppa in suso
e la prora ire in giù, com'altrui piacque,
infin che 'l mar fu sovra noi richiuso".

Inferno, canto XXVI

*

La scelta della pena

Nell'ottava bolgia, delle dieci dell'ottavo cerchio del suo *Inferno*, Dante condanna senza mezzi termini i consiglieri fraudolenti della sua Firenze. Li paragona a "lingue di fuoco", perché ha voluto creare un contrappasso adeguato alla complessità della colpa di questi "ladron", che ingannarono le loro vittime con l'arte oratoria, nascondendo dietro false intenzioni il loro vero scopo, per cui adesso son costretti a restare nascosti per sempre da un fuoco che li brucia dolorosamente, rubando l'immagine della loro forma fisica, così come nella loro vita essi furono ladri della buona fede altrui. La fiamma che li avvolge assume addirittura i connotati fisici delle anime in pena, al punto d'assomigliare a una lingua che, guizzando, emette suoni articolati.

L'incontro con Ulisse

Ma quando viene a sapere che tra i dannati vi è pure Ulisse

(in compagnia dell'amico Diomede), l'atteggiamento di Dante cambia completamente.

Al pari degli altri dannati, Ulisse viene presentato come un uomo chiuso in se stesso, anche se in quel momento è desideroso di parlare coi due inaspettati ospiti (Dante e Virgilio). Di fronte alla grandezza d'un personaggio del genere, osannato da tutta la letteratura greca e latina, Dante si sente piccolo e avverte di dover fare molta attenzione a misurarsi con lui. Anzi, temendo troppo il confronto con un personaggio del genere, il poeta non s'arrischia neppure d'interrogarlo e lascia che al suo posto lo faccia Virgilio.

Siccome ha deciso di metterlo all'inferno, deve poter dimostrare questa sua scelta in maniera "oggettiva" o, se vogliamo, "etica", senza indulgere troppo nell'artificio letterario e senza lasciarsi dominare dalla passione politica.

I motivi della condanna

Ulisse viene condannato per motivi sia *politici* che *morali*:

1. perché, insieme a Diomede, con l'inganno convinse Achille a guerreggiare contro i Troiani, inducendolo ad abbandonare la sposa Deidamia, che morì di crepacuore;
2. perché escogitò l'inganno del cavallo per conquistare Troia (Dante accetta la leggenda di Virgilio secondo cui i Romani sono discendenti di Enea profugo di Troia);
3. perché Ulisse e Diomede rubarono alla città sconfitta il Palladio (statua di Atena), mostrando così il loro disprezzo per le cose sacre;
4. perché rinunciò all'affetto paterno per il figlio, alla pietà filiale per il padre, all'amore doveroso per la moglie, semplicemente per inseguire sogni di avventura, al fine di "divenir del mondo esperto / e de li vizi umani e del valore" (XXVI, 97-99);
5. perché convinse i suoi compagni marinai a tentare una folle impresa, che mai nessuno aveva rischiato: quella di costeggiare l'Africa sino alla punta estrema. In tal senso la condanna sfiora l'accusa di empietà, cioè di *ateismo*, in quanto il limite delle colonne d'Ercole (presso lo stretto di Gibilterra) era stato posto dagli stessi dèi (sulle colonne, secondo

i latini, era scritto: "Non plus ultra").

Ma perché, se i motivi sono così espliciti e ben delineati, Dante non ha neppure il coraggio di parlare con Ulisse? Per quale motivo si è sentito indotto a inventare l'*escamotage* secondo cui Ulisse, essendo un grande eroe greco, non si sarebbe abbassato a parlare con un poeta che scriveva in volgare fiorentino?

Ulisse viene messo all'inferno per delle colpe che costituirono tra gli intellettuali, i politici, i militari... dell'antichità un motivo di vanto o comunque una necessità del tutto scusabile, specie se in condizioni di guerra o di pericolo; per delle colpe che forse avrebbero dovuto essere controbilanciate dai suoi meriti personali (Ulisse in fondo era simbolo del coraggio, della ragione, dell'astuzia, della ricerca, della curiosità, dell'esplorazione...); per delle colpe che per un eroe "pagano" erano tali sino a un certo punto e forse per le quali al massimo avrebbe meritato il purgatorio.

Non a caso nel *Paradiso* Dante formula un'angosciosa domanda a proposito dell'uomo nato al di fuori dei confini del cristianesimo ("Un uom nasce a la riva / de l'Indo, e quivi non è chi ragioni / di Cristo né chi legga né chi scriva; / e tutti suoi volere e atti buoni / sono, quanto ragione umana vede" – XIX 70-4), una domanda che dimostra un'apertura tutt'altro che convenzionale verso i non cristiani, un'apertura fondata sulla ragione, non sul dogma: "ov'è questa giustizia che 'l condanna? / ov'è la colpa sua, se ei non crede?" (XIX 77-8).[21]

---

[21] Jorge Luis Borges, in *Nove saggi danteschi* (ed. Adelphi 2001), afferma che certamente Ulisse ha intrapreso un viaggio folle, impossibile, ma l'angoscia, la partecipazione palese di Dante sono quasi troppo profonde e intime. Dante non è l'anti-Ulisse, poiché fa un viaggio non meno "folle" di quello dell'eroe greco, che però egli vuol far risultare autorizzato da Dio. Per Borges, Dante è un Ulisse cristianizzato: il folle volo del poeta toscano è la scrittura del libro stesso. Dante era un teologo che in nome di Dio si arrogava il diritto di decidere il bene e il male per l'eternità. In tal senso Ulisse, essendo precristiano, non può essere condannato per il proprio ateismo, ma solo per delle colpe morali universali.
Già Lotman (*Ulisse e l'originale doppio di Dante*), alla domanda sul perché Ulisse il navigatore blasfemo fosse stato messo nel girone dei consiglieri fraudolenti e non invece in quello di coloro che si sono ribellati a Dio, rispondeva che la colpa più grave di Ulisse era stata, secondo Dante, quella di aver barato con i "segni" (p.es. il cavallo di Troia), ed era stato punito per la sua audacia di navigatore da una natura che, pur essendo responsabile della sua morte, non poteva agire come vendicatrice di Dio, almeno non più dopo Dante. (*Il viaggio di Ulis-*

Il fascino del condannato

Proprio in questa cantica vi è una delle terzine più famose di tutto l'*Inferno* e forse di tutta la *Commedia*. Sono parole ("orazion picciola") che Dante fa dire a Ulisse quando questi voleva convincere i suoi compagni ad avventurarsi verso l'oceano: "Considerate la vostra semenza: / fatti non foste a viver come bruti, / ma per seguir virtute e canoscenza" (XXVI, 118-120). È grande qui Dante quando porta il lettore a chiedersi come definire un uomo che proprio mentre afferma tali grandi parole, nega la vera virtù e la conoscenza utile a vivere un'esistenza davvero umana.

Dante sa bene d'aver subito in gioventù il fascino della personalità dell'eroe omerico, esattamente come tutti gli intellettuali che l'avevano preceduto, da Orazio a Seneca, a Cicerone, che avevano sottolineato di Ulisse il patrimonio di conoscenze e di saggezza conquistato nel suo avventuroso viaggio e ne avevano fatto il simbolo della virtù (*humanitas*) intesa come profondo e insaziabile desiderio dell'uomo della conoscenza, anche se per questo egli deve ritardare il *nostos*, cioè il ritorno in patria.

Orazio definisce Ulisse "modello di virtù e di sapienza" ("conobbe i costumi degli uomini... e soffrì molte asperità nel vasto mare", *Epistole*). Seneca accosta Ulisse a Ercole celebrandoli come uomini "vincitori di ogni genere di paure" (*Costanza del sapiente*). Soprattutto Cicerone, commentando l'episodio dell'incontro di Ulisse con le Sirene dice dell'eroe: "le Sirene gli promettono la conoscenza: non deve quindi meravigliare se a Ulisse, questa apparisse più cara della patria, tanto era desideroso di conoscenza" (*Sul sommo bene e sul sommo male*).

Il motivo di fondo per cui Dante mette Ulisse all'inferno non è semplicemente per il suo ateismo o per il fatto che avesse una concezione del tutto formale della religiosità, ma per il fatto che nel proprio ateismo egli non tenesse in alcuna considerazione gli umani sentimenti.

Non dobbiamo dimenticare che Dante, pur non essendo un cattolico integralista, non era neppure un laico come Marsilio da

se nella *Divina Commedia di Dante, Testo e contesto. Semiotica dell'arte e della cultura*, ed. Laterza, Bari 1980).

Padova (1275-1343), suo conterraneo. Egli è consapevole di non poter condannare all'inferno un uomo che tentò di attraversare lo stretto di Gibilterra, ma il dovere "religioso" gli impone di doverlo fare, in quanto l'Ulisse ateo mandò a morte i suoi compagni. E così per le altre colpe.

Peraltro, il fatto che qui Dante rispetti tutte le consegne di Virgilio è la dimostrazione ch'egli aveva nei confronti della tradizione un atteggiamento più ossequioso di quello di Ulisse.

La fine del condannato

Dante, che pur non ha chiesto nulla all'eroe greco, gli fa raccontare un viaggio che neppure i redattori dell'*Odissea* ebbero mai il coraggio di narrare, e che influenzerà buona parte della letteratura a lui successiva. Egli infatti fa premettere a Ulisse due cose che tutto fanno pensare meno che all'idea di dover condannare all'inferno un navigatore così coraggioso ancorché ateo: l'"orazion picciola", di cui s'è detto, e la constatazione del limite fisico dei marinai, i quali, a conti fatti, non riuscirono nell'impresa, secondo l'opinione di Ulisse, soltanto perché "già vecchi e tardi (nei movimenti)" (v. 106), anche se qui Dante si serve di questa dichiarazione per sostenere che il folle viaggio fu intrapreso in piena consapevolezza.

Che Dante concluda in maniera romanzata (alla *Moby Dick*, per intenderci), senza proferire parola alcuna di commento, e soprattutto senza fare alcun cenno ai delitti e alle nefandezze ben più gravi di cui si macchiò Ulisse, è indicativo del fatto che tra lui e Omero s'era insinuata una sorta di "attrazione fatale", ereditata dagli intellettuali greci e latini e che verrà tramandata a tutti gli intellettuali successivi, sino alla netta stroncatura del Pascoli nei *Poemi conviviali*.

Ulisse è l'unico personaggio importante della *Commedia* che non appartenga alla storia contemporanea di Dante, facendo parte del mito: la sua funzione è dunque soprattutto simbolica, e corrisponde narrativamente, con coerenza stilistica e retorica, alla metafora del mare, con le sue acque invitanti e infide, che non solo in Dante ma in tutta la tradizione culturale del Medioevo, rappresenta la conoscenza, il sapere e la ricchezza: attraversarlo o comunque tentare di solcarlo è quindi un tentativo coraggioso di superare i limiti delle conoscenze precedenti e delle precedenti civiltà agricolo-pastorali.

È un'impresa che, nell'immaginario medievale, può essere facilitata dall'approvazione divina, come nel caso appunto di Dante, che apprende i segreti delle cose attraverso il viaggio nell'aldilà; oppure, come nel caso di Ulisse, condannata in partenza al fallimento, proprio perché si pone come sfida alla virtù divina.

Ulisse è una specie di specchio negativo di Dante. Dal punto di vista della conoscenza, entrambi sono degli eroi, degli scopritori. Tuttavia Dante è, per così dire, un esploratore approvato da Dio, mentre Ulisse è un ribelle, un temerario che osa imporre la propria volontà agli dèi. La presunzione umana rappresenta un inconcepibile sovvertimento dell'ordine dell'universo, e come tale è una forma di "follia". Infatti, l'aggettivo folle, come segnale preciso di questa volontà assurda per chi è sostenuto dalla fede e dalla grazia, compare al v. 125, a definire la natura insana dell'impresa di Ulisse.

L'autore, dunque, sente vicina alla propria l'esperienza di Ulisse (che può rappresentare quella dei filosofi laici che – come lo stesso Dante giovane – si lasciarono tentare da una conoscenza che fosse del tutto indipendente dal valore della fede religiosa). Ma Dante credette di salvarsi in tempo dal fallimento, tornando alla fede. In questo senso, il personaggio di Ulisse lo rispecchia, ma solo per gli aspetti negativi che lo segnarono in passato e che al tempo in cui scrive la *Commedia* egli ha ormai superato.

Da un lato quindi Dante deve condannare, formalmente, l'eroe greco per empietà e irresponsabilità, dall'altro però, nascostamente, non può fare a meno di elogiarlo, per aver saputo di molto anticipare i tempi, al punto che dedica al racconto del tragico naufragio ben 37 versi su 142.

L'Ulisse di Pascoli

XVIII

L'ISOLA DELLE CAPRE

Indi più lungi navigò, più triste,
E corse i flutti nove di la nave
or col remeggio or con la bianca vela.
E giunse alfine all'isola selvaggia
ch'è senza genti e capre sole alleva.
E qui vinti da sonno e da stanchezza
dormian sul lido a cui batteva l'onda.
Ma con la luce rosea dell'aurora
vide Odisseo la terra dei Ciclopi,
non presso o lungi, e gli sovvenne il vanto
ch'ei riportò con la sua forza e il senno,
del mangiatore d'uomini gigante.
Ed oblioso egli cercò l'Aedo
per dire a lui: Terpiade Femio, il sogno
dolce e dimenticato io lo risogno:
era la gloria... Ma il vocale Aedo
dormia sotto le stridule aspre foglie,
e la sua tetra là cantava al vento
il dolce amore addormentato in cuore,
che appena desto solo allor ti muore.
E l'Eroe disse ai vecchi remiganti:
Compagni, udite. Qui non son che capre;
e qui potremmo d'infinita carne
empirci, fino a che sparisca il sole.
Ma no: le voglio prendere al pastore,
pecore e capre; ch'è, così, ben meglio.
È là, pari a un cocuzzolo silvestro,
quel mio pastore. Io l'accecai. Ma il grande
cuor non m'è pago. Egli implorò dal padre,
ch'io perdessi al ritorno i miei compagni,
e mal tornassi, e in nave d'altri, e tardi.
Or sappia che ho compagni e che ritorno
sopra nave ben mia dal mio ritorno.
Andiamo: a mare troveremo un antro
tutto coperto, io ben lo so, di lauro.

Avessi ancora il mio divino Aedo!
Vorrei che il canto d'Odisseo là dentro
cantasse, e quegli nel tornare all'antro
sostasse cieco ad ascoltar quel canto,
coi greggi attorno, il mento sopra il pino.
E io sedessi all'ombra sua, nel lido!
Disse, e ai compagni longiremi ingiunse
di salir essi e sciogliere gli ormeggi.
Salirono essi, e in fila alle scalmiere
facean coi remi biancheggiare il flutto.
E giunti presso, videro sul mare,
in una punta, l'antro, alto, coperto
di molto lauro, e v'era intorno il chiuso
di rozzi blocchi, e lunghi pini e quercie
altochiomanti. E il vecchio Eroe parlava:
Là prendiam terra, ch'egli dal remeggio
non ci avvisti; ch'a gli orbi occhio è l'orecchio;
e non ci avventi un masso, come quello
che troncò in cima di quel picco nero,
e ci scagliò. Rimbombò l'onda al colpo.
Ed accennava un alto monte, tronco
del capo, che sorgeva solitario.

XIX

IL CICLOPE

Ecco: ai compagni disse di restare
presso la nave e di guardar la nave.
Ed egli all'antro già movea, soletto,
per lui vedere non veduto, quando
parasse i greggi sufolando al monte.
Ora all'Eroe parlava Iro il pitocco:
Ben verrei reco per veder quell'uomo
che tanto mangia, e portar via, se posso,
di sui cannicci, già scolati i caci,
e qualche agnello dai gremiti stabbi.
Poi ch'Iro ha fame. E s'ei dentro ci fosse,
il gran Ciclope, sai ch'Iro è veloce
ben che non forte; è come Iri del cielo
che va sul vento con il piè di vento.
L'Eroe sorrise, e insieme i due movendo,
il pitocco e l'Eroe, giunsero all'antro.

Dentro e' non era. Egli pasceva al monte
i pingui greggi. E i due meravigliando
vedean graticci pieni di formaggi,
e gremiti d'agnelli e di capretti
gli stabbi, e separati erano, ognuni
ne' loro, i primaticci, i mezzanelli
e i serotini. E d'uno dei recinti
ecco che uscì, con alla poppa il bimbo,
un'altocinta femmina, che disse:
Ospiti, gioia sia con voi. Chi siete?
donde venuti? a cambiar qui, qual merce?
Ma l'uomo è fuori, con la greggia, al monte;
tra poco torna, ché già brucia il sole.
Ma pur mangiate, se il tardar v'è noia.
Sorrise ad Iro il vecchio Eroe: poi disse:
Ospite donna, e pur con te sia gioia.
Ma dunque l'uomo a venerare apprese
gli dei beati, ed ora sa la legge,
benché tuttora abiti le spelonche,
come i suoi pari, per lo scabro monte?
E l'altocinta femmina rispose:
Ospite, ognuno alla sua casa è legge,
e della moglie e de' suoi nati è re.
Ma noi non deprediamo altri: ben altri,
ch'errano in vano su le nere navi,
come ladroni, a noi pecore o capre
hanno predate. Altrui portando il male
rischian essi la vita. Ma voi siete
vecchi, e cercate un dono qui, non prede.
Verso Iro il vecchio anche ammiccò: poi disse:
Ospite donna, ben di lui conosco
quale sia l'ospitale ultimo dono.
Ed ecco un grande tremulo belato
s'udì venire, e un suono di zampogna,
e sufolare a pecore sbandate:
e ne' lor chiusi si levò più forte
il vagir degli agnelli e dei capretti.
Ch'egli veniva, e con fragore immenso
depose un grande carico di selva
fuori dell'antro: e ne rintronò l'antro.
E Iro in fondo s'appiattò tremando.

XX

LA GLORIA

E l'uomo entrò, ma l'altocinta donna
gli venne incontro, e lo seguiano i figli
molti, e le molte pecore e le capre
l'una all'altra addossate erano impaccio,
per arrivare ai piccoli. E infinito
era il belato, e l'alte grida, e il fischio.
Ma in breve tacque il gemito, e ciascuno
suggea scodinzolando la sua poppa.
E l'uomo vide il vecchio Eroe che in cuore
meravigliava ch'egli fosse un uomo;
e gli parlò con le parole alate:
Ospite, mangia. Assai per te ne abbiamo.
Ed al pastore il vecchio Eroe rispose:
Ospite, dimmi. Io venni di lontano,
molto lontano; eppur io già, dal canto
d'erranti aedi, conoscea quest'antro.
Io sapea d'un enorme uomo gigante
che vivea tra infinite greggie bianche,
selvaggiamente, qui su i monti, solo
come un gran picco; con un occhio tondo...
Ed il pastore al vecchio Eroe rispose:
Venni di dentro terra, io, da molt'anni;
e nulla seppi d'uomini giganti.
E l'Eroe riprendeva, ed i fanciulli
gli erano attorno, del pastore, attenti:
che aveva solo un occhio tondo, in fronte,
come uno scudo bronzeo, come il sole,
acceso, vuoto. Verga un pino gli era,
e gli era il sommo d'un gran monte, pietra
da fionda, e in mare li scagliava, e tutto
bombiva il mare al loro piombar giù...
Ed il pastore, tra i suoi pastorelli,
pensava, e disse all'altocinta moglie:
Non forse è questo che dicea tuo padre?
Che un savio c'era, uomo assai buono e grande
per qui, Telemo Eurymide, che vecchio
dicea che in mare piovea pietre, un tempo,
sì, da quel monte, che tra gli altri monti
era più grande; e che s'udian rimbombi
nell'alta notte, e che appariva un occhio

nella sua cima, un tondo occhio di fuoco...
Ed al pastore chiese il moltaccorto:
E l'occhio a lui chi trivellò notturno?
Ed il pastore ad Odisseo rispose:
Al monte? l'occhio? trivellò? Nessuno.
Ma nulla io vidi, e niente udii. Per nave
ci vien talvolta, e non altronde, il male.
Disse: e dal fondo Iro avanzò, che disse:
Tu non hai che fanciulli per aiuto.
Prendi me, ben sì vecchio, ma nessuno
veloce ha il piede più di me, se debbo
cercar l'agnello o rintracciare il becco.
Per chi non ebbe un tetto mai, pastore,
quest'antro è buono. Io ti sarò garzone.

XXI

LE SIRENE

Indi più lungi navigò, più triste.
E stando a poppa il vecchio Eroe guardava
scuro verso la terra de' Ciclopi,
e vide dal cocuzzolo selvaggio
del monte, che in disparte era degli altri,
levarsi su nel roseo cielo un fumo,
tenue, leggiero, quale esce su l'alba
dal fuoco che al pastore arse la notte.
Ma i remiganti curvi sopra i remi
vedeano, sì, nel violaceo mare
lunghe tremare l'ombre dei Ciclopi
fermi sul lido come ispidi monti.
E il cuore intanto ad Odisseo vegliardo
squittiva dentro, come cane in sogno:
Il mio sogno non era altro che sogno;
e vento e fumo. Ma sol buono è il vero.

Poemi conviviali

*

L'interpretazione che Giovanni Pascoli dà delle vicende di
Ulisse, e in particolare quella dell'incontro col pastore nell'isola di

Polifemo, rappresenta un *unicum* in tutta la storia della letteratura italiana. Che, forse a motivo della sua originale controtendenza, è stato, si potrebbe quasi dire, pervicacemente taciuto dalla critica letteraria nazionale, tenuto nascosto nei cassetti delle cose che non si possono dire o raccontare, pena il rischio di trovarsi in scomode posizioni, difficilmente giustificabili al cospetto della cosiddetta "cultura dominante".

La suddetta interpretazione (che in Pascoli è esclusivamente poetica) fu in origine prodotta in vari poemi, pubblicati su riviste prestigiose, poi raccolti in un'unica edizione, dal titolo *Poemi conviviali*, che i critici, se si escludono il grande Gianfranco Contini e Maurizio Perugi, uno dei suoi discepoli (e di recente Mario Pazzaglia, con la monografia su *Pascoli*, ed. Salerno, Roma 2002), han sempre considerato, a torto, come produzione minore del poeta.

In realtà i *Poemi conviviali* sono uno dei libri più intensi del Pascoli, chiudendo essi definitivamente il filone romantico che aveva attraversato tutto l'Ottocento, e ponendo le basi, modernissime, di una poesia realistica, scevra da qualsivoglia mitologia, lontanissima da illusioni e retoriche d'ogni forma.

È stato detto, in tal senso, che i suddetti *Poemi* pensano la stessa "classicità" come una "mostruosa, cultuale allucinazione" (cfr la prefazione di A. Colasanti, in *Pascoli. Tutte le poesie*, Newton, Roma 2003, p. 517, edizione cui qui si fa riferimento).

Ciò che ora si vuole commentare sono soltanto i canti XVIII (*L'isola delle capre*), XIX (*Il Ciclope*), XX (*La gloria*) e i primi passi del XXI (*Le Sirene*) del poema in XXIV canti, *L'ultimo viaggio*, in cui il poeta s'immagina, combinando – come lui stesso dice – Omero, Dante e Tennyson, che Ulisse sarebbe partito, già vecchio, per l'ultimo viaggio, ripercorrendo i luoghi visitati d'un tempo. Un viaggio che l'indovino Tiresia chiese all'eroe greco di fare al fine di placare definitivamente la collera di Poseidone, il cui figlio Polifemo era stato da lui accecato.

Tiresia era stato abbastanza eloquente nell'Ade, dove aveva incontrato Ulisse profetizzandogli che, dopo aver sterminato i Proci, sarebbe dovuto nuovamente partire per mare, verso una terra così lontana che gli abitanti non conoscevano neppure la funzione del remo, tanto che lo scambiavano per un attrezzo agricolo.

"Quando un altro viandante – dice Tiresia – , incontrandoti, dirà che tu hai un ventilabro [che è lo strumento con cui i contadini ventilavano sull'aia il grano, per separarlo dalla pula, trasportata via dal vento], allora, confitto a terra il maneggevole remo e offerti bei sacrifici a Posidone signore... torna a casa... Per te la morte verrà fuori dal mare..." (*Odissea*, XI).

Il che in sostanza voleva dire che il mercante-militare Ulisse avrebbe dovuto riconciliarsi con la civiltà pacifica del mondo contadino, e poi morire in pace con la propria coscienza.

Ma qui viene il punto. Se tutta la vicenda dell'*Odissea* è nata dall'accecamento di Polifemo, mostruoso rappresentante del mondo agreste-pastorale, perché mai Ulisse avrebbe dovuto sentirsi in colpa? Perché mai avrebbe dovuto temere la collera di Posidone, visto che nel racconto di Omero è detto esplicitamente che, a ragione, l'astuzia trionfò sulla forza, la legge sull'istinto e la religione sull'ateismo?

In realtà l'*Odissea* non avrebbe potuto raccontare quest'ultimo viaggio senza rischiare di scuotere dall'interno la propria struttura architettonica, basata appunto sulla superiorità oggettiva della civiltà schiavile rispetto a quella rurale del mondo primitivo.

La riconciliazione di Ulisse è prospettata da Tiresia come un'esigenza personale dell'eroe, cui egli dovrebbe attenersi per vivere in serenità almeno la propria vecchiaia, quando non avrà più la forza per esercitare il dominio e la ragione non avrà più motivo di agire con frode e inganno.

In tal senso, seppur solo soggettivamente, l'*Odissea* rappresenta un superamento dell'*Iliade*, proprio perché comincia a intravedersi la consapevolezza, in almeno uno dei grandi eroi militari, dei guasti provocati da una civiltà antagonistica.

Ed è qui che entra in scena il Pascoli, poeta proveniente proprio dal mondo contadino. Pascoli non ha pietà dell'Ulisse omerico e ne ridimensiona alquanto le velleità leggendarie: da eroe mitico lo trasforma in un disadattato sociale, in un poveruomo senza identità.

Quando Odisseo rivede la terra dei Ciclopi "gli sovvenne il vanto / ch'ei riportò con la sua forza e il senno, / del mangiatore d'uomini gigante" (XVIII, 10-12). E si rivolge, con la mente, all'aedo Femio (cantore della reggia di Itaca, qui già morto), per dirgli che, nel passato, aveva vissuto in quest'isola un momento di "gloria" (più avanti si cruccerà di non riavere Femio nella stessa grotta di Polifemo, a cantare per l'ennesima volta la sua gloriosa impresa).

Al rivedere quell'isola pare gli sia tornata la voglia di fare spacconate, bravate da pirata intellettuale, avido di rapine e di sberleffi ai danni degli ingenui. Proprio come allora dice ai suoi compagni: "le voglio prendere al pastore, / pecore e capre; ch'è, così, ben meglio" (XVIII, 25 s.). E si vanta di due cose: d'aver accecato il ciclope e di non aver subito alcuna conseguenza dalla maledizione che Polifemo gli lanciò, di perdere in mare i suoi compagni e di non ritornare ad Itaca. "Or sappia che ho compagni e che ritorno / sopra nave ben mia dal mio ritorno" (XVIII, 32 s.).

Ulisse vorrebbe comportarsi come allora: attraccare per rapinare il pastore. Raccomanda i compagni di nascondere la nave, temendo che quello possa colpirla con un masso, come cercò di fare l'ultima volta. E di restarvi di guardia, mentre lui solo, con "Iro il pitocco", sarebbe andato a far visita al "mostro" (si noti l'astuzia di portare con sé questa volta, temendo il peggio, un personaggio del tutto spregevole e insignificante. Iro fu un mendicante di Itaca ucciso dallo stesso Ulisse, perché portava a Penelope i messaggi dei Proci; qui il Pascoli ne fa il ritratto di un ladro affamato e senza scrupoli).

La descrizione della grotta è troppo realisticamente bella per non essere riportata per esteso: "E i due meravigliando / vedean graticci pieni di formaggi, / e gremiti d'agnelli e di capretti / gli stabbi, e separati erano, ognuni / né loro, i primaticci, i mezzanelli / e i serotini" (XIX, 18-23).

Improvvisamente appare una figura del tutto assente nel poema omerico: una donna, la moglie del pastore, in atto di allattare il figlio più piccolo. Lei si mostra subito molto ospitale, ma Ulisse, schiavo dei pregiudizi, compie la prima gaffe e le chiede: "dunque l'uomo [riferendosi a Polifemo] a venerare apprese / gli dèi beati, ed ora sa la legge, / benché tuttora abiti le spelonche, / come i suoi pari, per lo scabro monte?" (XIX, 33-36).

E quella, gentile ma non ingenua: legge, religione, di che parli? "Ognuno alla sua casa è legge, / e della moglie e de' suoi nati è re. / Ma noi non deprediamo altri: ben altri, / ch'errano in vano su le nere navi, / come ladroni, a noi pecore o capre / hanno predate. Altrui portando il male / rischiano essi la vita. Ma voi siete vecchi, e cercate un dono qui, non prede" (XIX, 38-45).

Si noti come l'accenno alla "legge" e alla "religione" abbia fatto scattare nella mente della donna (qui la stessa del Pascoli) l'equazione "civiltà=ingiustizia". Ingiustizia che si maschera col diritto formale e con il culto ossequioso degli dèi: la civiltà di pochi truffatori che vorrebbero campare a spese di molti onesti lavoratori.

Ma Pascoli è anche fine psicologo, poiché scrive che Ulisse, al sentire quelle parole, "verso Iro... ammiccò: poi disse: – Ospite donna, ben di lui conosco / quale sia l'ospitale ultimo dono" (XIX, 46-48). Ulisse saccente, che presume di sapere... Ulisse ironico, che "ammicca", che sa come raggirare i gonzi e quindi anche quella povera contadina e pastorella.

Ad un certo punto, e siamo alla fine del canto XIX, il pastore torna finalmente dalla campagna, e mentre "Iro in fondo s'appiattò tremando" (XIX, 57), la moglie invece "gli venne incontro, e lo seguiano i figli / molti, e le molte pecore e le capre..." (XX, 2 s.). In mezzo a tutti quei belati, alte grida, fischi, gemiti (XX, 6 s.), "l'uomo vide il vecchio eroe che in cuore / meravigliava ch'egli fosse un uomo" (XX, 9 s.).

Il "vecchio eroe", il "superuomo", che non sapeva riconoscere l'uomo comune, normale, naturale, che ora, generoso, lo invita a mangiare...

Ma Ulisse insiste; era venuto per rubare e se ora non è proprio il caso, che almeno gli sia dato modo di vantarsi della sua prodezza sul ciclope. "Io sapea d'un enorme uomo gigante / che vivea tra infinite greggie bianche, / selvaggiamente, qui su i monti, solo / come un gran picco; con un occhio tondo..." (XX, 17-20).

Il pastore lo ascolta come se parlasse di cose insensate ed è costretto a ridimensionarlo: "Venni di dentro terra, io, da molti anni; / e nulla seppi d'uomini giganti" (XX, 22 s.).

Ulisse insiste nella descrizione dell'occhio e, in particolare, sul fatto che Polifemo era un uomo così grande da poter scagliare delle pietre in mare, dall'alto di una montagna.

Ma il pastore non ha voglia d'ascoltare favole e, rivolgendosi alla moglie, le chiede di fargli mente locale: "Non forse è questo che dicea tuo padre? / Che un savio c'era, uomo assai buono e grande / per qui, Telemo Eurymide [un profeta che viveva tra i ciclopi], che vecchio / dicea che in mare piovea pietre, un tempo, / sì, da quel monte, che tra gli altri monti / era più grande; e che s'udian rimbombi / nell'alta notte, e che appariva un occhio / nella sua cima, un tondo occhio di fuoco..." (XX, 34-41).

Dunque un semplice vulcano in eruzione. Di che parla Ulisse? Vaneggia come un mitomane? O forse si son rivoltate le parti ed è il pastore che lo prende in giro?

Ulisse però non demorde e di nuovo domanda: "E l'occhio a lui chi trivellò notturno?" (XX, 43). "Ed il pastore ad Odisseo rispose: / Al monte? l'occhio? trivellò? Nessuno. / Ma nulla io vidi, e niente udii. Per nave / ci vien talvolta, e non altronde, il male" (XX, 45-47).

Quindi se accecamento ci fu, nessuno più lo ricorda. In tutta semplicità il pastore ha smontato non solo la mitologia classica, ma anche le fantasticherie intellettuali e politiche di quanti con l'inganno vorrebbero dominare il mondo.

Ci piace immaginare che il pastore sia stato talmente furbo da usare la parola "nessuno" nello stesso identico modo in cui la usò Ulisse per ingannare Polifemo. Se "Nessuno" ha fatto qualcosa, perché "Qualcuno" dovrebbe ricordarlo?

Ma non vogliamo forzare i testi: qui piuttosto sembra che il pastore svolga la parte di uno psicanalista che lascia parlare il proprio paziente affinché si liberi delle proprie ossessioni.

Sarebbe comunque interessante immaginare, in chiave surreale, che il pastore sia lo stesso Polifemo, che Ulisse, da vecchio, rivede com'egli era sempre stato: un semplice pastore di pecore, e che solo un interesse di parte aveva voluto trasformare in un mostro orrendo. Il racconto del Pascoli è così moderno che potrebbe essere proseguito in mille modi diversi. Senza considerare ch'esso si conclude addirittura in maniera comica, allorché, concluso il dialogo tra i due, "dal fondo Iro avanzò, che disse: / – Tu non hai che fanciulli per aiuto. / Prendi me, ben sì vecchio, ma nessuno / veloce ha il piede più di me, se debbo / cercar l'agnello o rintracciare il becco. / Per chi non ebbe un tetto mai, pastore, / quest'antro è buono. Io ti sarò garzone" (XX, 48-54).

Non ci è dato sapere dal Pascoli che fine fece questa curiosa richiesta, ma se questi sono i valori della civiltà mercantile, se questa è la dignità di chi segue le leggi e i culti religiosi, è facile immaginarselo.

Nei primi versi del canto XXI la mesta partenza di Ulisse dall'isola dei Ciclopi: le presunte verità dell'eroe sono state duramente mortificate, ed egli ora è solo, chiuso nella sua tristezza. "E il cuore intanto ad Odisseo vegliardo / squittiva dentro, come cane in sogno: / Il mio sogno non era altro che sogno; / e vento e fumo. Ma sol buono è il vero" (XXI, 13-16).

Omero aveva mentito, ma il cantore Femio gli aveva fatto da eco tante di quelle volte che persino l'attore principale di questa epopea s'era convinto che la finzione fosse realtà, come un attore hollywoodiano che s'immedesima talmente nella parte da non sapere più chi è.

Il protagonista dell'Odissea? Filottete!

Da molti anni circola in rete un libro di Alberto Majrani, *L'astuto Omero e il geniale inganno dell'Odissea*, prefazione di Giulio Giorello (Filottete Edizioni), che nel 2008, con molte meno pagine, aveva un altro titolo, *Ulisse, Nessuno, Filottete*.

Qual è la tesi che sostiene? Anzitutto che sotto il racconto mitologico vi sia qualcosa di realistico. Omero può essere stato un poeta alla corte di Itaca. E i protagonisti della vicenda sarebbero stati Telemaco, figlio di Ulisse, e Filottete, un ottimo arciere, pagato da Telemaco per ammazzare i Proci, che stavano dilapidando le ricchezze del regno.

Majrani si rifà a Felice Vinci, che quando pubblicò il saggio, *Omero nel Baltico* (Editore Palombi, Roma 2008), rilevò delle stranissime contraddizioni nei poemi omerici. Per es. l'isola di Faro, ubicata proprio davanti al porto di Alessandria, da Omero viene inspiegabilmente collocata a una giornata di navigazione dall'Egitto. Così l'ubicazione di Itaca, data dall'*Odissea* in termini molto puntuali – secondo Omero è la più occidentale di un arcipelago che comprende tre isole maggiori: Dulichio, Same e Zacinto – non trova alcuna corrispondenza nella realtà geografica dell'omonima isola nel mar Ionio, ubicata a nord di Zacinto, ad est di Cefalonia e a sud di Leucade. E che dire del Peloponneso, descritto come una pianura in entrambi i poemi?

Lo stesso Plutarco, nel *De facie quae in orbe lunae apparet*, parla dell'isola di Ogigia, dove la dea Calipso trattenne a lungo Ulisse prima di consentirgli il ritorno a Itaca, come se fosse situata nell'Atlantico del nord, "a cinque giorni di navigazione dalla Britannia". Probabilmente Ogigia era una delle Faroer, tra le quali si riscontra un nome curiosamente "grecheggiante": Mykines.

Se da Ogigia si prosegue verso est, come vuole l'*Odissea*, si riesce a localizzare facilmente la terra dei Feaci, la Scheria (che in lingua nordica significa "scoglio"), sulla costa meridionale della Norvegia, in un'area in cui abbondano i reperti dell'età del bronzo (e anche graffiti rupestri raffiguranti navi: in effetti Omero chiama i Feaci "famosi navigatori", ma di essi non è stata mai trovata nessuna traccia nel Mediterraneo).

Qui, al momento dell'approdo di Ulisse, si verifica un fatto apparentemente incomprensibile: il fiume (dove il giorno successivo egli incontrerà Nausicaa) a un certo punto inverte il senso della corrente e accoglie il naufrago all'interno della sua foce. Tale fenomeno, rarissimo nel Mediterraneo, è invece comune nel mondo atlantico, dove l'alta marea produce la periodica inversione del flusso negli estuari.

Da qui, con un viaggio relativamente breve Ulisse fu poi accompagnato a Itaca, situata, secondo Omero, all'estremità occidentale di un arcipelago su cui il poeta ci fornisce molti particolari, estremamente coerenti fra loro ma totalmente incongruenti con le Isole Ionie. Secondo Vinci le isole di cui parla Omero è l'arcipelago danese del Sud Fionia, nel Baltico meridionale. Le principali isole sarebbero proprio tre: Langeland (l'"Isola Lunga": ecco svelato l'enigma della misteriosa Dulichio), Ærø (la Same omerica) e Tåsinge (l'antica Zacinto). L'ultima isola dell'arcipelago verso occidente, "là, verso la notte", ora chiamata Lyø, è proprio l'Itaca di Ulisse. E nel gruppo si ritrova persino l'isoletta "nello stretto fra Itaca e Same", dove i pretendenti di Penelope si appostarono per tendere l'agguato a Telemaco.

Inoltre, a oriente di Itaca e davanti a Dulichio, giaceva una delle regioni del Peloponneso, che a questo punto si identifica facilmente con la grande isola danese di Sjælland (dove adesso sorge Copenaghen): ecco la vera "Isola di Pelope", mentre il Peloponneso greco è tutt'altro che un'isola. Il rapido viaggio in cocchio di Telemaco da Pilo a Lacedemone lungo una "pianura ferace di grano" si spiega solo pensando a un'isola pianeggiante.

Ma sono tantissimi i rilievi geografici e meteorologici esaminati da Vinci per sostenere la tesi che i poemi omerici non hanno nulla a che fare con la Grecia o l'Ellade. Il loro epos di riferimento sono i racconti mitologici del Baltico, soprattutto della Danimarca, ma anche dei tre Paesi Scandinavi, dove nel II millennio a.C. fioriva l'età del bronzo. Gli Achei provenivano dall'Europa del Nord.

Quanto a Ulisse, di cui Omero ricorda "i biondi capelli", vi sono singolari convergenze tra la sua figura e quella di Ull, guerriero e arciere della mitologia nordica. Le sue avventure, nate da racconti di marinai, rappresentano l'ultimo ricordo di rotte seguite dagli antichi navigatori dell'età del bronzo nordica al di fuori del bacino baltico, nell'Oceano Atlantico (dove scorre il "Fiume Oceano", ossia la Corrente del Golfo), poi diventate irriconoscibili dopo la trasposizione nel mondo mediterraneo.

Son tanti gli esempi che corroborano questa singolare tesi: l'isola Eolia, dove regna il "signore dei venti" Eolo Ippotade, è una delle Shetland (forse Yell), dove soffiano venti fortissimi; i Ciclopi abitavano sulla costa della Norvegia settentrionale, presso il Tosenfjorden: essi ricordano i mitici troll del folklore norvegese; anche i Lestrigoni vivevano sulla costa norvegese, ma ancora più a nord, poiché nella loro terra le giornate estive sono lunghissime; l'isola della maga Circe, dove si riscontrano tipici fenomeni artici, quali il sole di mezzanotte (*Odissea* X, 190-192) e le "danze dell'Aurora" (*Odissea* XII, 3-4), si trovava oltre il circolo polare, verso le isole Lofoten (le magie di Circe sono in realtà manifestazioni di un arcaico sciamanismo lappone); Cariddi è il famigerato gorgo chiamato Maelstrom; dopo averlo attraversato Ulisse sbarca nell'isola Trinachia, che significa "Tridente": in effetti, davanti al Maelstrom vi è Mosken, un'isola dalla caratteristica silhouette che ricorda un cappello a tre punte. Quanto alle Sirene, si tratta di micidiali scogli e bassifondi che infestano il mare davanti alle Lofoten, pericolosissimi per i naviganti anche a causa della nebbia e delle correnti di marea: se costoro infatti, attratti dall'ingannevole rumore della risacca ("il canto delle sirene"), si avvicinano pensando di trovarsi vicini alla terraferma, rischiano di naufragare sugli scogli (pertanto l'espressione "canto delle sirene" si rivela in realtà una sorta di metafora tipica della poesia nordica).

Gli Achei scesero nel Mediterraneo a seguito dei mutamenti climatici. Probabilmente utilizzarono il fiume Dnepr che sfocia nel mar Nero, come molti secoli dopo avrebbero fatto i Vichinghi, la cui cultura presenta singolari affinità con quella achea. Qui essi diedero origine alla civiltà micenea, notoriamente non autoctona della Grecia, la quale fiorì a partire dal XVI sec. a.C.

I migratori portarono con sé epopee e geografia: attribuirono alle varie località in cui s'insediarono gli stessi nomi che avevano lasciato nella patria abbandonata, di cui perpetuarono il retaggio nei poemi omerici e nella mitologia greca (la quale, se da un lato presenta molti punti di contatto con quella nordica, dall'altro, forse in seguito al crollo della civiltà micenea, avvenuto attorno al XII sec. a.C., ha perso il ricordo della grande migrazione dal settentrione); inoltre ribattezzarono coi corrispondenti nomi baltici anche le altre regioni dell'area mediterranea, quali la Libia, Creta e l'Egitto, generando in tal modo un colossale equivoco geografico che ha spiazzato per millenni tutti gli studiosi.

La messa per iscritto di questa antichissima tradizione orale, avvenuta in seguito all'introduzione della scrittura alfabetica in Grecia, attorno all'VIII sec. a.C., ha poi portato alla stesura dei due poemi nella forma attuale.

*

Ma che cosa offre in più il testo di Majrani? Semplicemente l'approfondimento di una intuizione dello stesso Vinci, secondo cui il figlio di Ulisse, Telemaco, poteva aver ingaggiato un mercenario per interpretare Ulisse e liberare la reggia da tutti i Proci, pretendenti alla mano della madre Penelope e al trono di Itaca.

Omero non è che il poeta della corte di Itaca, che aveva provveduto a raccontare una lunga storia di viaggi e avventure per giustificare la lunga assenza di Ulisse. Il quale, quand'era nella terra dei Feaci. afferma d'essere il migliore degli Achei nel tiro con l'arco, subito dopo Filottete, lo zoppo.

Con questa chiave di lettura si capisce come mai nessuno riconosce Ulisse, né lui riconosce la sua isola, si capisce perché chiede di appoggiarsi a un bastone e perché cammina lentamente, ecc.

Insomma abbiamo un autore, Omero, che ha composto un poema elogiativo per la casa regnante; un committente, il nuovo re di Itaca, Telemaco (e forse la sua famiglia); dei personaggi realmente esistiti, ma di cui non avevamo finora alcuna testimonianza sicura; delle storie realmente avvenute (una volta depurate dalle parti più fantasiose), in luoghi in buona parte identificabili come i mari e le isole del Nord Europa, nell'epoca di transizione tra l'età del bronzo e l'età del ferro.

Telemaco quindi avrebbe scritturato un poeta per raccontare una fantasiosa storia che potesse giustificare i vent'anni di assenza del padre, e potesse scongiurare la perdita al diritto alla successione e al regno, nel caso in cui uno dei Proci pretendenti avesse sposato la madre Penelope. Era lei infatti di stirpe nobile, essendo figlia del potentissimo re Icario, mentre Ulisse era un "parvenu" che si era arricchito con l'arte dei commerci, della pirateria e del saccheggio. I pretendenti stessi, poi, stavano tramando per togliere Telemaco di mezzo, e quindi bisognava anticiparli al più presto. Di qui il ricorso all'arciere Filottete.

L'*Iliade* narra che Filottete era a capo di un contingente degli Achei che andavano alla guerra di Troia. Ma era stato morso a un piede da un serpente che gli aveva causato un grave ferita che lo rese zoppo. La lesione si era infettata, tanto da costringere i compagni ad abbandonarlo sull'isola di Lemno. La tradizione mitica, ripresa da Sofocle in una sua opera teatrale, racconta che, secondo una profezia, Troia sarebbe caduta solo con l'aiuto delle armi di Ercole. Filottete era stato allievo di Ercole e ne aveva ereditato l'arco e le frecce, per cui venne recuperato sull'isola e curato dal medico acheo Macaone; poi, proprio Filottete avrebbe ucciso Paride, dando un contributo determinante alla sconfitta dei Troiani.

Filottete conosceva da tempo Ulisse, e quindi si prestava bene a interpretarlo, inoltre era "amico di famiglia", e quindi poteva essere disposto a rischiare la pelle in un'impresa così pericolosa; era poi un abilissimo arciere, evidentemente abituato a un "numero da circo" come quello di attraversare con una freccia gli anelli di dodici scuri allineate, il che presuppone anche un certo allenamento, cosa che Ulisse non poteva più avere dopo tanti anni per mare (ammesso poi che fosse realmente dotato di questa abilità, visto che in tutta l'*Iliade* Ulisse non usa mai l'arco, neanche durante i giochi in onore di Patroclo, nei quali vince invece le gare di lotta e di corsa).

Logicamente i giovani di Itaca non conoscevano Filottete, ma certo qualcuno dei vecchi avrebbe potuto riconoscerlo, per cui sarebbe stato necessario eclissarsi al più presto a missione compiuta.

Omero quindi canta Ulisse, che però era morto da tempo, ucciso in battaglia o annegato sulla via del ritorno. Lo si può dedurre dal fatto che in tutta l'*Odissea* l'idea che l'eroe sia ormai defunto viene ripetuta più volte in modo deciso, mentre l'ipotesi che possa essere ancora vivo viene posta in modo dubitativo.

Di tanto in tanto Omero ci fa capire come sono andate le cose, tra le righe del poema. L'esempio della cicatrice è eloquente: la vecchia nutrice riconosce "Odysseus" dalla ferita al ginocchio causata da un cinghiale (cosa che non viene mai accennata né nell'*Iliade* né nel resto dell'*Odissea*). Infatti il vero zoppo era Filottete, osannato da Ulisse come il più grande arciere.

Conclusione

Dobbiamo liberarci non solo di Ulisse, della sua personalità, del suo modo di fare e di pensare, ma anche di Omero, che lo canta come fanno oggi i giornalisti al servizio di chi li paga.

Dobbiamo liberarci non solo delle persone che, per le loro esigenze di potere, per la loro ambizione personale non fanno altro che rubare, violentare, distruggere e mentire, ma anche degli intellettuali che giustificano le loro azioni, che s'inventano storie mai accadute, che producono – come oggi si dice – delle autentiche *fake news*.

Dobbiamo liberarci della cultura dominante che considera Ulisse un moderno eroe di successo, un antesignano della classe borghese, insieme militare e commerciale, a seconda delle esigenze o dei momenti.

Dobbiamo liberarci dell'istituzione scolastica che obbliga gli studenti ad assorbire passivamente questo modello da imitare, che non può essere messo in discussione neppure dalle nefandezze che questa vergogna di eroe ha compiuto.

Dobbiamo rifiutare l'idea di dover accettare la sua negatività come parte della sua umanità. In Ulisse non c'è assolutamente nulla di "umano". Semmai c'è nelle sue vittime o nelle persone che sottomette.

Ulisse è un personaggio problematico, non è solo contraddittorio. È uno psicopatico, che va reinserito in un contesto sociale pacifico, equilibrato, per poter recuperare quella serenità interiore che non ha mai avuto.

Se sul piano umano possiamo avere pietà per soggetti del genere, non possiamo averne sul piano politico e culturale. Sono delle mine vaganti, che dobbiamo rendere inoffensive senza tergiversare.

Noi dobbiamo stare dalla parte di Polifemo.

Bibliografia in lingua italiana

Boitani Piero, *L'ombra di Ulisse. Figure di un mito,* Bologna, Il Mulino, 1992.

Cesare Segre, *Ulisse e Dante. La volontà di sapere*, in CdS Università, 6-4-1993.

Bernard Andreae, *L'immagine di Ulisse: mito e archeologia*, Torino, Einaudi, 1983.

Ballati Maria, *Pensieri all'ombra di Ulisse*, Milano, Nuovi autori, 1990.

Fabi Bruno, *Il confine estremo. L'ultimo Ulisse*, Sovera Multimedia 2003.

Zampese Luciano, *Ulisse: il ritorno e il viaggio. Un mito universale tra passato e presente*, Firenze, Libri liberi, 2003.

Pontani Filippo M., *Sguardi su Ulisse. La tradizione esegetica greca all'Odissea*, Roma, Edizioni di Storia e Letteratura, 2011.

Bossaglia Rossana, *La nave di Ulisse*, Milano, Archinto, 2005.

Viaggiatori d'Oriente e d'Occidente. Variazioni sul mito di Ulisse. Atti del Convegno internazionale (Cagliari, 27-29 aprile 1998), Cagliari, AV, 1999.

Manfroni Sandro, *I mille volti di Ulisse*, Napoli, Cuzzolin, 2004.

Odifreddi Piergiorgio, *Le menzogne di Ulisse. L'avventura della logica da Parmenide ad Amartya Sen*, Milano, TEA, 2006 (anche Milano, Corriere della Sera, 2014).

Ulisse nel tempo. La metafora infinita, a cura di Salvatore Nicosia, Venezia, Marsilio, 2003.

Sergio Conca Bonizzoni, *Il tragico ritorno di Ulisse*, Roma, Albatros, 2011.

Bibliografia su Amazon

Attualità:
Diario di Facebook (2017-2020)
Diario di Facebook (gen-mar 2021)
Diario di Facebook (apr-dic 2021)
La guerra totale
Il signore del gas
La truffa ucraina

Memorie:
Sopravvissuto. Memorie di un ex
Grido ad Manghinot. Politica e Turismo a Riccione (1859-1967)

Storia:
L'impero romano. I. Dalla monarchia alla repubblica
Homo primitivus. Le ultime tracce di socialismo
Cristianesimo primitivo. Dalle origini alla svolta costantiniana
Cristianesimo medievale
Dal feudalesimo all'umanesimo. Quadro storico-culturale di una transizione
Protagonisti dell'Umanesimo e del Rinascimento
Storia dell'Inghilterra. Dai Normanni alla rivoluzione inglese
Storia della Spagna. Dalle origini a oggi
Scoperta e conquista dell'America
Il potere dei senzadio. Rivoluzione francese e questione religiosa
Cenni di storiografia
Herbis non verbis. Introduzione alla fitoterapia

Arte:
Arte da amare
La svolta di Giotto. La nascita borghese dell'arte moderna

Letteratura-Linguaggi:
Letterati italiani
Letterati stranieri
Pagine di letteratura
Pazìnzia e distèin in Walter Galli
Dante laico e cattolico
Grammatica e Scrittura. Dalle astrazioni dei manuali scolastici alla scrittura creativa

Poesie:
Nato vecchio; La fine; Prof e Stud; Natura; Poesie in strada; Esistenza in vita; Un amore sognato

Filosofia:
Laicismo medievale
Ideologia della chiesa latina

L'impossibile Nietzsche
Da Cartesio a Rousseau
Rousseau e l'arcantropia
Il Trattato di Wittgenstein
Preve disincantato
Critica laica
Le ragioni della laicità
Che cos'è la coscienza? Pagine di diario
Che cos'è la verità? Pagine di diario
Scienza e Natura. Per un'apologia della materia
Spazio e Tempo: nei filosofi e nella vita quotidiana
La scienza nel Seicento
Linguaggio e comunicazione
Interviste e Dialoghi
Antropologia:
La scienza del colonialismo. Critica dell'antropologia culturale
Ribaltare i miti: miti e fiabe destrutturati
Economia:
Esegeti di Marx
Maledetto capitale
Marx economista
Il meglio di Marx
Etica ed economia. Per una teoria dell'umanesimo laico
Le teorie economiche di Giuseppe Mazzini
Politica:
Lenin e la guerra imperialista
Io, Gorbaciov e la Cina (pubblicato dalla Diderotiana)
L'idealista Gorbaciov. Le forme del socialismo democratico
Il grande Lenin
Cinico Engels
L'aquila Rosa
Società ecologica e democrazia diretta
Stato di diritto e ideologia della violenza
Democrazia socialista e terzomondiale
La dittatura della democrazia. Come uscire dal sistema
Dialogo a distanza sui massimi sistemi
Diritto:
Siae contro Homolaicus
Diritto laico
Psicologia:
Psicologia generale
La colpa originaria. Analisi della caduta
In principio era il due
Sesso e amore
Didattica:
Per una riforma della scuola

Zetesis. Dalle conoscenze e abilità alle competenze nella didattica della storia

Ateismo:
Diario su Cristo
Cristo in Facebook
Studi laici sull'Antico Testamento
L'Apocalisse di Giovanni
Amo Giovanni. Il vangelo ritrovato (ed. Bibliotheka)
Johannes. Il discepolo anonimo, prediletto e tradito
Pescatori di uomini. Le mistificazioni nel vangelo di Marco
Contro Luca. Moralismo e opportunismo nel terzo vangelo
Metodologia dell'esegesi laica. Per una quarta ricerca
Protagonisti dell'esegesi laica. Per una quarta ricerca
Ombra delle cose future. Esegesi laica delle lettere paoline
Umano e Politico. Biografia demistificata del Cristo
Le diatribe del Cristo. Veri e falsi problemi nei vangeli
Ateo e sovversivo. I lati oscuri della mistificazione cristologica
Risorto o Scomparso? Dal giudizio di fatto a quello di valore
Guarigioni e Parabole: fatti improbabili e parole ambigue
Gli apostoli traditori. Sviluppi del Cristo impolitico

Indice

Introduzione..5
Demitizzare Ulisse..7
Lo sguardo rotondo di Polifemo..12
Argo ovvero la giustificazione dello schiavismo..................30
Le sirene seduttrici...36
La disperazione di Ecuba..41
    I...41
    II..43
    III...44
    IV...47
    V...48
    VI...50
La grande signora Circe..55
    L'approdo di Ulisse sull'isola di Circe e l'incontro dei suoi compagni
    con la maga..68
    L'incontro di Ermes con Ulisse..72
    L'incontro di Ulisse con Circe...75
    Il bagno di Ulisse...77
    La liberazione dei compagni di Ulisse...............................78
    Il diverbio tra Euriloco e Ulisse......................................83
    La richiesta di andarsene..83
L'Ulisse di Dante..88
L'Ulisse di Pascoli...97
Il protagonista dell'Odissea? Filottete!..............................108
    Conclusione..114
    Bibliografia in lingua italiana...115
    Bibliografia su Amazon...116

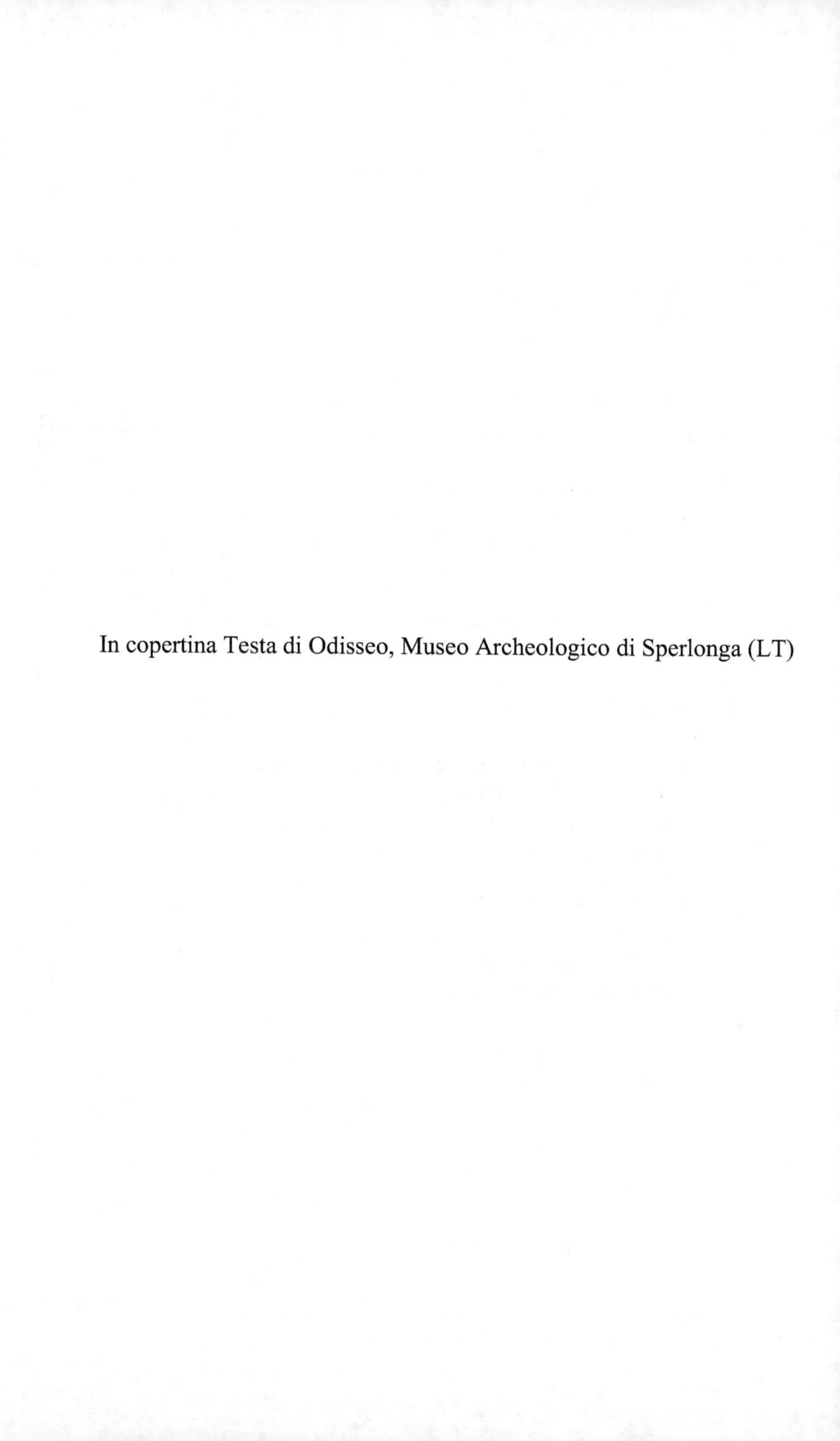

In copertina Testa di Odisseo, Museo Archeologico di Sperlonga (LT)